Roland Arndt

Leben nach eigener Regie

Wie Sie Ihren Erfolg selbst in Szene setzen

Mit einem Vorwort
von Nikolaus B. Enkelmann

Verlag PETER ERD · München

Umschlaggestaltung: Franz Wöllzenmüller
Titelillustration: Bildagentur Mauritius, Graphik: FPG
Lektorat: Hans Freundl

Printed in Austria
ISBN 3-8138-0155-1

Für alle Menschen, die
sich selbst und anderen
eine echte Chance zur
Entfaltung geben wollen.

Inhaltsverzeichnis

Vorwort

Roland Arndt hat bereits als Kameramann gelernt, die richtige Regie zu führen; darum weiß er, wovon er spricht. Seine Anregungen sind anwendbar. Dieses Buch wird Sie anregen, auch in Ihrem Leben täglich Regie zu führen.

Millionen Menschen spielen gern mit der elektrischen Eisenbahn – ein schönes Spiel mit vielen kreativen Möglichkeiten und der Notwendigkeit, Entscheidungen zu treffen. Hinter diesem Spiel steckt der natürliche Wunsch des Menschen, mitzubestimmen, Regie zu führen.

Tag für Tag bewundern wir im Fernsehen, wie andere ihre Hauptrolle spielen. Jetzt erfahren Sie von Roland Arndt, wie Sie selbst Autor, Dramaturg, Regisseur und Hauptdarsteller in einer Person sein können. Ihr Leben wird spannend wie ein Kriminalroman.

Ein Schachspieler muß, um zu gewinnen, drei bis vier Züge vorausdenken und planen. Sie lernen als Regisseur vom Meisterregisseur und trainieren gleichzeitig, in Zusammenhängen zu denken.

Sie lernen in diesem Buch, als selbstbewußter Regisseur Ihre eigene Welt zu erschaffen und zu gestalten.

Es ist gut, ein Unterbewußtsein zu besitzen. Doch es ist wertvoller, mit ihm zu arbeiten.

Dieses anregende Buch hilft Ihnen, mit jedem neuen Kapitel Ihre Grenzen zu erweitern, neue Räume zu erobern. Erst in Gedanken, dann durch das selbstbewußte Tun.

Versuchen Sie Ihre Rolle, die Rolle des Königs oder der Königin, richtig auszufüllen. Die Anregungen dieses Buches erzeugen keinen Größenwahn, aber sie können Ihnen helfen, sich nicht unter Preis zu verkaufen. Nehmen Sie Ihr Leben selbst in die Hand!

Nikolaus B. Enkelmann
Königstein im Taunus

Einleitung

Film. Was für ein Wort! Man sieht sofort Bilder wie Kino, Hollywood, Action-Szenen, Oscar-Verleihung. Jeder hält alles für möglich. Und wenn es nicht real ist, dann entführen Special-Effects oder Stuntmen mit Nervenkitzel in eine andere, meist künstlich dargestellte Welt.

In diesem Buch werde ich Ihnen einen Weg beschreiben, wie Sie selbst Autor und Regisseur Ihres eigenen Lebens sein können. Selbstverständlich müssen Sie dafür etwas tun und dürfen bestimmte Dinge nicht tun. Aber Sie werden mit Freude und beiden Beinen auf der Bühne des Lebens stehen.

Dieses Buch will nicht in eine der vielbeschriebenen Schubladen gepackt werden. Es ist ein Buch über das Leben und die vielfältigsten kreativen Methoden, das Beste für sich und andere daraus zu machen. Darüber hinaus will es Sie unterhalten und anregendes Element Ihrer zukünftigen Lebensgestaltung sein.

Viele Menschen verfolgen zwar stetig ihre Ziele, schieben aber oft damit verbundene wichtige Entscheidungen vor sich her. Sie verpassen dadurch Chancen, die nur heute existieren. Wenn Sie akute Probleme mit Ihren Mitarbeitern oder im Familienbereich haben, dann können Sie bereits heute beginnen, einen Schritt zur Lösung zu unternehmen: für Ihre Karriere, im Management oder Privatbereich, für ein Zusammenwirken durch Lebensfreude, Tatkraft und Erfolg. Seien Sie offen für jedes neue Kapitel, jede neue Übung und Erklärung, und lassen Sie auch die Figuren meiner Kurzerzählungen auf sich wirken. So werden Ihnen Zusammenhänge klar, und Ihr Verständnis für sich selbst und andere wird auf angenehme Weise gestärkt. Sie sind nun einmal die wichtigste Person in Ihrem Leben. Werden

Sie Ihrem Anspruch gerecht. Werden Sie der Regisseur Ihres Lebens.

Prominente und Leute, die gut im Geschäft sind, gestalten ja auch ihr Leben und ihren Erfolg selbst.

Die Theater-, Film- und Fernsehbranche ist letztlich klein. Man begegnet sich gelegentlich und spricht am Rande von Produktionen und Preisverleihungen über Gott und die Welt. Zunehmend stehen Sinn-Fragen im Mittelpunkt.

Vor ein paar Jahren habe ich *Hans-Jürgen Tögel* kennengelernt. Er ist inzwischen der erfolgreichste Regisseur deutscher Fernsehserien und mir besonders wegen seiner Offenheit und seines Optimismus sympathisch. Er hat Serien wie »Traumschiff«, »Der Glücksritter«, »Die Schwarzwaldklinik« und nun »Insel der Träume« inszeniert. Hans-Jürgen Tögel und ich planen für 1990 die Produktion eines Kinofilms. Für mein Buch gab er mir per Telefon aus Hawaii seine persönliche Einstellung zum Thema Leben nach eigener Regie:

Jeder hat für sich die Möglichkeit, sein Leben in der Form für sich zu inszenieren, daß er damit zufrieden leben kann. Man darf allerdings seine Erwartungshaltung nicht zu hoch ansetzen. Meinen Lebensbereich hatte ich schon sehr früh soweit im Griff, daß ich immer wußte, wie ich mich zu entscheiden hatte. Wenn ich mich gedanklich mit meiner Tätigkeit intensiv auseinandergesetzt habe, kann ich mit aller Kraft und Energie zum Gelingen beitragen. Jede Unsicherheit bei mir würde sich auf meine Mitarbeiter übertragen. Ich muß dann überlegen sein und genaue Entscheidungen treffen, was ich den anderen übertragen kann. Eine optimale Vorbereitung ist das A und O und läßt dennoch genügend Spielraum für notwendige Improvisation. Auch die Intuition wurde für mich in den letzten Jahren immer wichtiger, besonders nachdem ich gemerkt habe, wie klar sie mein Leben bestimmt. Ich habe mir angewöhnt, auf sie zu hören und ihr ein Mitspracherecht eingeräumt.

Ende der siebziger Jahre war die Tagesschau-Sprecherin und Moderatorin *Dagmar Berghoff* anläßlich einer Kindersendung zum ersten Mal vor meiner Kamera. Ich mag es, wenn man so professionell ist und alles mit einer guten Prise Humor und Freude anpackt wie Dagmar. Sie ist viele Male zur beliebtesten »TV-Frau« gewählt worden und kann sich vor interessanten Angeboten kaum retten. Ihr Wesen kommt an, der Erfolg bestätigt es. Zum Thema sagte sie mir:

Meiner Erfahrung nach ist es sehr wichtig, daß man nichts ungeduldig im Leben zu erzwingen versucht, sondern eher den Blick für alle Möglichkeiten offenhält, um dann zu reagieren. Chancen zum Erfolg sind mir glücklicherweise sehr viele angeboten worden. Manchmal waren aber auch Aufgaben dabei, die ich aus meiner Sicht glaubte, nicht schaffen zu können. Wenn es Dinge waren, die ich mit intensiver Vorbereitung und einem Quentchen Glück, auf das ich immer vertraut habe, letztlich vielleicht doch meinte, bewältigen zu können, habe ich angeboten, es wenigstens zu probieren. Und dabei habe ich dann festgestellt, daß man oft seine Grenzen zu tief ansetzt, daß man häufig mit Disziplin, Freude an der Sache und der richtigen Einstellung sehr viel mehr bewerkstelligen kann, als man sich bisher zutraute. Das stärkt im Laufe der Zeit das Selbstvertrauen.

Generell war es so, daß mich das Leben eher gefordert hat, als daß ich Chancen und Ziele gesucht und voller Energie verwirklicht habe. Das, was auf mich zukam an Möglichkeiten, habe ich allerdings mit viel Einsatz und Liebe genutzt, und ich freue mich sehr über meinen Erfolg.

Charlotte Link ist eine Schriftstellerin, die bereits mit sechzehn Jahren begann, ihren ersten Erfolgsroman zu schreiben. Und so ging es weiter. Ihr fünfter ist unter dem Titel »Sturmzeit« erschienen und wird sicherlich viele Leser begeistern. Aber auch für Tiere setzt sich Charlotte ein. Sie ist engagierte Tierversuchsgegnerin. Charlotte ist die geborene Regisseurin ihres Lebens und mit einer besonderen Selbstdisziplin begabt. Sie schrieb mir:

Ich habe ein sehr ausgeprägtes Vertrauen in das Schicksal. Ich glaube, daß die Dinge, die wichtig sind, an mich herangetragen werden und daß es oft besser ist, auf sie zu warten, als sie in ei-

nem Moment, der noch nicht reif dafür ist, erzwingen zu wollen. Gleichzeitig aber glaube ich auch an eine Beeinflussung des Schicksals. Ich habe die Erfahrung gemacht, daß sehr viele – die wesentlichen – meiner Wünsche wahr geworden sind, und ich denke, daß das auch auf die Intensität zurückzuführen ist, mit der ich von ihnen geträumt habe. Während ich auf eine günstige Fügung des Schicksals warte, denke ich an das Erreichbare, stelle es mir vor, male es mir aus, kurz: ich bin der Regisseur, der sich seine liebste Szene bis hin zum letzten Detail aufbaut. In Gedanken vorerst. Aber unbeirrt in seinem Glauben, daß das alles Wirklichkeit wird.

René Koch, Visagist, Stylist und Kosmetologe, habe ich anläßlich einer Video-Produktion kennengelernt. Er vor – ich hinter der Kamera. Wir merkten gleich, daß wir gut zusammenarbeiten können und haben uns bald darauf in Bühl wieder getroffen, wo die amerikanische Schauspielerin Joan Collins zu Gast war. Für ihre Auftritte hier in Deutschland bestand sie darauf, von René geschminkt zu werden. Meine Fernsehaufnahmen sahen entsprechend wirkungsvoll aus. An René schätze ich seinen Ideenreichtum sowie seine Präzision. Er gibt sich nicht mit halben Sachen zufrieden, und das ist sein Erfolg. Führt er Regie in seinem Leben? Er sagt dazu:

Eigentlich muß ich von mir selbst sagen, daß ich nach Regie lebe. Und manchmal habe ich das Gefühl, daß das Drehbuch des Lebens bei der Geburt schon fertig geschrieben ist. Wie beim Film oder Theater kann man zwar da oder dort kleine Abweichungen vornehmen, aber der rote Faden liegt fest. Und je mehr man sich gegen diese vorbestimmte Regie wehrt, um so schwieriger wird man mit dem Alltag und sich selbst fertig. Würde man das Schicksal mehr annehmen, wie Krankheit und den Tod, würden weniger Ängste herrschen. Manchmal denke ich, daß man sich nicht so wehren gegen Dinge oder Tatsachen, sondern lieber etwas tun sollte; und bei mir ist es oft so, daß ich mehr Kraft verbrauche, wenn ich mich wehre, als wenn ich die Dinge tue oder die Tatsachen akzeptiere. Deshalb tue ich auch soviel.

Vor Jahren begegnete mir eine Frau, die mich durch ihre Kreativität und Einsatzbereitschaft überzeugt hat: *Petra Nova*. Petra ist Mode-Choreographin, Sängerin und Moderatorin und stand im Mittelpunkt des von mir produzierten TV-Portraits mit dem Titel »Petra Nova – ein Multitalent in Sachen Mode«. Und das »Multitalent« bezieht sich auch auf ihre Organisations- und Führungsqualitäten, die man besitzen muß, um in dieser Branche erfolgreich zu sein. Petras tägliche Arbeit heißt, Regie führen – hinter den Kulissen und auf der Show-Bühne.

Die Idee, Mode getanzt in Szene zu setzen, veränderte 1965 mein Leben. Eigentlich wollte ich Musik und Klavier studieren. Um bis zum Studienbeginn nicht untätig zu sein, setzte ich die Idee der getanzten Modenschau in die Tat um. Es war dies die erste dieser Art, und Presse sowie Fernsehen reagierten begeistert. Ein Auftrag folgte dem anderen, und plötzlich war ich auf dem Wege, mir ein Unternehmen aufzubauen. Es gefiel mir, zumal ich mir zum damaligen Zeitpunkt über die Härte der Selbständigkeit nicht im klaren war. Das, was ich mache, kann man nicht lernen. Disziplin und Durchsetzungsvermögen auf der einen Seite, Kreativität und Aktivität auf der anderen Seite bestimmen seit nunmehr vierzundzwanzig Jahren meinen Lebenslauf. Für Privatleben und Kinder blieb in dieser Zeit kein Raum.

Fazit: Die Anerkennung, das Lob meiner Auftraggeber und der erarbeitete Erfolg erfüllen mich mit Stolz und mein Leben mit Farbigkeit. Die Entscheidung zur Selbständigkeit erfordert viel Kraft und Energie, denn erfolgreich zu werden ist schon schwer, es zu bleiben viel schwerer.

Rainer Felsen, erfolgreicher Schallplatten-Produzent mit eigenem Musikverlag hat durch sein ausgleichendes und humorvolles Wesen alle Trümpfe genutzt. »Torfrock«, »Klaus & Klaus« sowie viele andere hat er zum Erfolg gebracht. Ich lernte Rainer schon vor vielen Jahren kennen, als ich für das ZDF einen Film mit der Musikgruppe Torfrock produziert habe. Danach glänzte Rainer mit Humor und Ausstrahlung in einer von mir realisierten

Talkshow. Im Mittelpunkt stehen bei ihm die menschlichen Werte, Familie und Freunde:

Für mich galt immer eine Devise: »Mache genau das im Leben, auf was du Bock hast.« – Schaue dabei nicht auf Karriere oder Geld, das kommt – wenn du deinen Job gut machst – von allein.

Wichtig ist, daß man immer die Interessen des Partners in seine Überlegungen einbezieht, d. h., bleibe immer fair und bei der Wahrheit! Das zahlt sich, langfristig gesehen, für dein Image aus und stabilisiert auch jede Geschäftsbeziehung.

Vor ein paar Monaten begegnete ich Herrn *Professor Dr. Lothar J. Seiwert*. Es gibt Gespräche, bei denen man sofort eine gemeinsame Wellenlänge spürt. Wir unterhielten uns über eine filmische Grundidee für einen Videofilm zum Thema Zeitmanagement. Unsere Übereinstimmung, ebenfalls in bezug auf die Besetzung der Darsteller, war ein wichtiger Grundstein für unsere Zusammenarbeit. Da die Zeit beim Inszenieren des Lebens eine wichtige Rolle spielt, bat ich Professor Seiwert um einen Gedanken für mein Buch, denn er ist Autor des Bestsellers »Mehr Zeit für das Wesentliche« und gilt als führender Zeitmanagement-Experte.

Eine der großen Möglichkeiten im Leben, sein eigener Regisseur zu sein, ist das erfolgreiche Verhältnis zur Zeiteinteilung. Die einen lassen sich viel zu leicht unter Druck setzen, sind meist in Eile und werden von ihrer Umwelt mehr oder weniger verplant (Fremdbestimmung). Die anderen nehmen ihre Zeit und damit ihr Leben selbst in die Hand, sie agieren, statt zu reagieren und inszenieren jeden Tag ein glückliches und erfolgreiches Leben (Selbstbestimmung).

Die Karriere der vielbegabten Sängerin und Dozentin *Karin Ploog* begann mit dem Musical »Cats« im Hamburger Operettenhaus und sie wurde durch Galas und Fernsehauftritte immer bekannter. Nach gemeinsamen Dreharbeiten kamen wir auf das für uns so wichtige Thema der Selbstentfaltung zu sprechen. Wo liegen die Spielräume des einzelnen, sein Schicksal mitzubestimmen? Ich erzählte Karin von meinem Buch, und schon am nächsten Tag bekam ich Post von ihr. Hier ein kleiner Auszug:

Mein Leben hat einen Regisseur – es besteht nicht aus Zufällen, nein. Ein Jemand dreht an meinem Schicksal und gibt mir Aufgaben, die ich hier zu bewältigen habe.

Sicher sind Wege vorausbestimmt, denn weshalb habe ich Talente erhalten, wovon andere Menschen nur träumen?

Dann aber beginnt die Arbeit – es liegt in meiner Hand, alles zu nutzen – alles aus mir herauszuholen – das Unglaubliche geschieht: Ich bin einen Millimeter vor meinem vermeintlichen Ziel und... falle tief.

Was war an meiner Arbeit falsch?

Über kurz oder lang bemerke ich ein Zeichen – meine Zeit ist noch nicht da, wichtige Denk-/Lernprozesse habe ich schlichtweg ignoriert.

Beginnen muß ich von vorn – aber auf einer höheren Ebene –, das ist mein Spielraum – das ist mein Leben, und da ist jemand in mir, der mir positive Hilfen auf meinem Weg gibt.

Hans-Peter Kurr, Schauspieler und Theater-Regisseur, ist ein Freund von mir. Wir haben gemeinsam das von ihm geschriebene Buch »Das Heinrich-Heine-Syndrom« herausgegeben. Es beschreibt die letzten vier Lebensjahre seiner an ALS (unheilbare Nerven- und Muskelkrankheit) verstorbenen Frau Elke – ein Schicksal zwischen Resignation und Hoffnung mit vielen Fragen nach dem Sinn des Lebens. Hans-Peter schrieb mir:

Die Fähigkeit, Menschen »in Szene zu setzen«, d. h. mit Schauspielern Literatur zu lebendigem Geschehen auf der Bühne werden zu lassen, ist erlernbar. Nicht aber, innere Vorgänge durch die inszenierten Figuren hindurch sichtbar werden zu lassen. Also muß ein Regisseur – wie übrigens auch ein Schauspieler selber! – wissen, daß innere Vorgänge über Vibrationen transportiert werden und nur mechanisch über Mimik und Gestik. Wo aber ein »innerer Mensch«, immortell, und ein »äußerer Mensch«, mortal, Dualität bilden, müssen beide befragt werden können. Es ist daher selbstverständlich, daß dieser Prozeß nicht von der Bühne für das Leben abgeleitet werden sollte, denn »Theater ist der Spiegel des Lebens« – nicht umgekehrt. Folge: Es gilt, den »inneren Mei-

ster« zu befragen und vor allem seine Sprache zu erlernen. Die Antworten sind immer richtig, aber auch fehlinterpretierbar. Je weniger derartige Fehlinterpretation, desto glücklicher und reicher das Leben.

Dabei ist es so einfach: Wer einmal unter indischem Himmel Rabindranath Tagore gelesen hat, kann – so er will – begreifen, daß des Menschen Fähigkeit, sich wirkliches Wissen zu verschaffen, über den Weg der Intuition viel tiefer ausgeschöpft zu werden vermag als durch die uns anerzogene Sucht nach (materialistisch-)wissenschaftlicher Nachprüfbarkeit. Wer den Weg der Intuition beschreitet, wird sich auch bald vom Kreis derjenigen Menschen unterscheiden, die sich gemeinhin als »gläubig« bezeichnen, denn er weiß um die Existenz Gottes und der kosmischen Meister. Dichtern ist es zuweilen gegeben, dieses Wissen in Worte zu kleiden.

So Johann Gottfried Herder:

> *»Nichts kann untergehen,*
> *nichts vernichtet werden,*
> *oder Gott müßte sich selbst vernichten.*
> *Aber alles Zusammengesetzte wird aufgelöst,*
> *alles, was Ort und Zeit ausmißt, wandert!«*

Ernst Bader wirkte früher als Schauspieler in bekannten Filmen mit, bevor er sich dem Kabarett und später dem Beruf des Schlagertexters zuwandte. Ihm gelangen Hits wie »Tulpen aus Amsterdam« und »Am Tag, als der Regen kam«. Er schrieb vier Bücher, das neueste heißt »Das Gasthaus in Nordenbroda«. Ich lernte Ernst Bader anläßlich einer von mir produzierten Talkshow kennen, in der er den »Laden« so richtig in Schwung brachte. Seine Liebe zu den Menschen ist sein Lebensrezept. Für mein Buch erhielt ich von ihm folgende Zeilen:

Rückblickend auf den rund fünfundsiebzig Jahre langen Weg über diese Erde finde ich, daß alles ganz leicht war. Wenn ich allerdings an den Anfang denke – als alles noch vor mir lag –, war es ein recht dornenvoller Weg, mit Zickzackkurven, Höhen und Tie-

fen. Aber ich bin mit den Aufgaben gut fertig geworden, weil ich mich stets mit Gott, wie er uns durch Jesus Christus offenbart wurde, verbunden fühlte. Dabei bin ich ihm oft weit entglitten. Es gibt ein Bibelwort: Der Eltern Segen baut den Kindern Häuser. Ich bin im Glauben aufgewachsen, Vater und Mutter haben mit mir gebetet. Auch wenn Gott mir fern schien – besser gesagt, wenn ich mich von ihm entfernt hatte, hielt er mich an der langen Leine fest. Das war kein allgemeines Gefühl »Ich hab' ja meinen Glauben«, nein, ich war ständig mit ihm im Gespräch – ein Geschenk, das ich nicht erklären kann. Ich habe immer mit ihm geredet, bin mit ihm meine Probleme durchgegangen und habe tausende Male gebetet. So konnte ich mich aus Verstrickungen lösen, Talstrecken durchstehen und in Höhen bescheiden bleiben.

Der Maler *Carl-W. Röhrig* ist einer der meistbeschäftigten Illustratoren im In- und Ausland. Bei einer Einladung des renommierten Künstlers zu einer seiner Ausstellungen hatten wir einen anregenden Gedankenaustausch, der mich unter anderem später dazu veranlaßte, Herrn Röhrig zum Thema meines Buches zu befragen. Er äußerte sich wie folgt:

Das Erreichen seiner Ziele scheint wohl das Wichtigste im Leben eines jeden Menschen zu sein.

Erreicht er sie nicht, ist er im Grunde unglücklich.

Ein »Leben nach Regie« erfordert also, mit Beharrlichkeit seine selbst gesteckten Ziele zu erreichen.

Mein persönliches Unglück beschwor ich stets dann herauf, wenn ich anfing, Ziele zu verfolgen, die nicht die meinen waren.

Ehrlichkeit gegenüber einem selbst – das ist der Schlüssel zum Erfolg.

Anläßlich einer Projektberatung für einen esoterischen Filmstoff traf ich mit *Ingrid Regehr* zusammen, die etwa 8000 Stunden psychologisch-astrologische Einzelberatungen im Institut von Thorwald Dethlefsen durchgeführt hat und heute eine eigene Praxis in München führt. Ich gab ihr das Stichwort »Leben nach eigener Regie« und war sehr gespannt darauf, welche Rolle sie in diesem Zusammenhang dem persönlichen Horoskop des

Einzelnen zuordnet, welche Spielräume sie für die Menschen sieht, den Verlauf des Schicksals zu beeinflussen.

Was im Horoskop determiniert ist, ist der Zeitpunkt Ihrer Geburt. Es ist exakt der Zeitpunkt, in dem Sie wieder in diese Welt der Polarität eintreten wollten. Und dieses Bild ist Ihr Leben lang, nämlich in diesem Leben, vom ersten bis zum letzten Atemzug Ihre determinierte Konstellation. Das ist Bestimmung und kein Zufall. Das Horoskop zeigt nur die Konstellation, aber die Freiheit – also die Möglichkeit, Regie zu führen, die haben Sie selbst. Die können Sie übernehmen, indem Sie selbstverantwortlich mit Ihrem Horoskop umgehen und für sich entscheiden: Will ich diesen Mars am Aszendenten so leben, daß ich ihn unterdrücke? Will ich ihn so leben, weil andere Konstellationen da sind, die mir leichter fallen, nämlich höflich zu sein und darum zu bitten, immer einen schönen Ausgleich zu schaffen und ja nicht zuviel von den anderen fordern – oder bin ich bereit, die Aufgabe, die sich mir stellt, zu erfüllen, nämlich zu sagen, was ich will und zu definieren, wer ich bin und es auch auszudrücken und mal zu sehen, was da kommt? Das ist die Möglichkeit der freien Entscheidung, seine eigene Regie zu führen. Sie können bestimmen, auf welcher Ebene Sie Ihr Horoskop leben, auf welcher Ebene Sie sozusagen Ihr Leben einrichten wollen.

Auch, daß wir jetzt in diesem Augenblick zusammensitzen, ist kein Zufall. Ich glaube überhaupt nicht an Zufälle. Ich habe zuviel erlebt…

Vor drei Jahren lernte ich *Erhard F. Freitag* kennen, der mit ganz großem Erfolg die Lehren des positiven Denkens in Deutschland verbreitet hat. Aufgrund vieler gemeinsamer Gespräche und Interview-Reisen entstand schließlich 1986 unser gemeinsames Konzept für eine Talkshow, die wir kurz darauf in Hamburg produziert haben. Es hat mir besonders viel Freude gemacht, weil mir durch die vielen gemeinsamen Aktivitäten mit Erhard klar wurde, welch ungenutztes Potential in jedem Einzelnen schlummert und geweckt werden will.

Das Wissen aller Epochen, auch das geheime esoterische, ist je-

dem zugänglich, der bereit ist, sein Leben zum Guten zu wenden. Die Lehre des ›Positiven Denkens‹ hat sich in Deutschland in den letzten zehn Jahren explosionsartig verbreitet. Die stärkste Kraft im Universum ist die unendliche Macht des Geistes. Mit der Macht der Gedanken hat es jeder selbst in der Hand, sein eigenes unerschöpfliches Potential zu nutzen. Viel zu viele Menschen spielen immer noch eine Statistenrolle in ihrem Lebensfilm. Statt sich nur danach zu richten, was andere schreiben und planen, sollte jeder am besten noch heute anfangen, die Hauptrolle zu übernehmen und ein Leben nach eigener Regie zu führen.

Fast jeder träumt vom großen Erfolg, aber nur wenige erreichen ihn, wie zum Beispiel *Heikedine Körting*, die mit Abstand die erfolgreichste Hörspiel-Regisseurin in Deutschland ist. Rund 90 Goldene Schallplatten bekam sie schon verliehen, dazu den »Europa-Hörspielregiepreis« und viele andere Preise und Ehrungen. Ich erlebte sie auf ihrem Schloß, Gut Hasselburg, wo sie zusammen mit ihrem Mann, Dr. Andreas Beurmann, wahrhaftig Märchen-Atmosphäre zu zaubern weiß – aber auch im Tonstudio oder im Rechtsanwaltsbüro in Hamburg. »Ich denke oft«, sagt Heikedine Körting, »daß wir ein neues Medium erfunden haben: ein Traummedium. Die Kinder können die Augen zumachen und sich in eine Szene hineinversetzen. Das können sie beim Fernsehen nicht.«

Für Kinder-Schallplatten und -Tonkassetten produzierte Heikedine Körting über 1200 Hörspiele – Weltrekord! Damit kam sie ins Guiness-Buch der Rekorde. »Aber die Rekorde«, sagt Heikedine Körting, »sind nicht ausschlaggebend. Was zählt, ist die Wirkung bei den Kindern.« Wie führt Heikedine Körting Regie in ihrem eigenen Leben?

Meiner Meinung nach ist es besonders wichtig, sich mit dem, was man will, ganz genau auseinanderzusetzen und jeden Tag, überall, wo man ist, mit Augen und Ohren aufzunehmen und zu lernen. Wenn man etwas wirklich will, dann muß man sich auch dafür mit aller Kraft einsetzen. Zum Beispiel habe ich meine Berufe von der Pike auf erlernt und keine Gelegenheit ausgelassen, auch in anderen Gebieten »zu schnüffeln«. Dazu gehört eine große Portion Begeisterung und Beharrlichkeit. Wenn ich manchmal vor Arbeitsüberlastung nicht weiß, was ich zuerst tun soll, dann setze ich meine »Erfolgserlebnis-Methode« ein: Alles, was sich schnell wegarbeiten läßt, wird sofort erledigt, so daß der große Berg schnell kleiner wird. Ich kenne viele Leute, die es genau anders herum machen und mit den schwierigen Aufgaben beginnen. Hier muß jeder herausfinden, wie er es am besten kann.

Unbedingte Voraussetzung für jede Art von Erfolg ist Entscheidungsfreudigkeit und damit auch die Bereitschaft, Verantwortung zu übernehmen. Lieber mit Freude falsch entscheiden, als an Unentschiedenheit zu leiden. Dazu gehört sorgfältige Zielorientierung vor dem Handeln, und große persönliche Beweglichkeit und Aufmerksamkeit, ganz besonders im menschlichen Bereich, dann, wenn die Dinge schon ihren Lauf genommen haben, und man selbst sie nur noch bedingt steuern und beeinflussen kann. Maßstab dafür ist immer die persönliche Integrität, das heißt ganz einfach, sich so aufrichtig wie möglich zu fragen: Will ich das wirklich? Nur so kann eine Schizophrenie zwischen Beruf und Persönlichkeit vermieden werden. Und nur so kann etwas, das man gern möchte, auch erfolgreich realisiert werden. Dem Erfolg muß man aber auch die Chance zur Entwicklung geben, indem man sich offen hält für die sogenannten »Zufälle«. Ich habe immer versucht, mit offenen Armen aufzufangen, was mir zufällt. Darin will ich mich auch weiter üben...

Die Zahl der Stimmen, die zum Thema viel zu sagen haben, ist in den letzten Jahren erfreulicherweise gestiegen. So möchte ich ganz besonders auch die Schauspielerin *Ursela Monn* erwähnen, die mir in unseren Gesprächen immer wieder Denkanstöße zum Thema gegeben hat. Urselas erste TV-Dokumentation hieß »Schauplatz: Gefängnis. Mütter und Kinder hinter Gittern« und wurde von uns gemeinsam in einer Frankfurter Haftanstalt produziert. Ein intensives Thema, das nicht nur den Betroffenen, sondern auch unserer Gesellschaft konkrete Fragen stellt. Einblicke in Fremdschicksale haben also auch etwas mit uns zu tun. Über die Sensibilität dieses Films haben sich zwischen Ursela und mir Gespräche aufgebaut, die zu wichtigen Bausteinen für mich geworden sind. Urselas Rat für jeden, der in seinem Leben selbst Regie führen will:

Das kleine »1 × 3« auf dem Weg zur »Eigen-Regie«:

1. *Lernen Sie wieder, auf Ihre Intuition – Ihre eigene innere Stimme – zu hören. Eine Fähigkeit, die man Ihnen mit Eifer auf dem Weg vom Kind zum Erwachsenen ausgetrieben hat.*
2. *Fliehen Sie um Gottes Willen, wann immer möglich, vor Ihren pessimistischen Mitmenschen. Jammern und Klagen ist eine reichlich unnütze, weit verbreitete Leidenschaft.*
3. *Lassen Sie sich nicht vom Ärger auf Andere zu irgend etwas treiben, was Sie (wahrscheinlich) gar nicht selber wollen.*

Wenn Sie möglichst großen Nutzen aus diesem Buch ziehen wollen, dann lesen Sie es bitte von Anfang bis Ende durch, so, wie ich es für Sie geschrieben habe, und machen Sie bitte auch die Übungen, die Sie zum Kern Ihrer Persönlichkeit führen werden.

Ich verspreche Ihnen nicht, daß Sie in zwei Wochen der erfolgreichste, beliebteste, gesündeste und reichste Mensch sind. Ich behaupte aber, Sie können aus eigener Kraft Ihr Leben interessanter gestalten, einfach mehr aus sich und Ihrem Leben machen. Zeit, Gedanken und Handlungen werden dazu die Werkzeuge sein.

Viel Freude beim Lesen und beim Planen Ihres persönlichen Erfolges!

Das Drehbuch

»Aus, aus!!!« schreit der Regisseur eines Fernsehspieles. »Ich kann so nicht arbeiten, wo bin ich denn hier?!« Der Mann ist völlig verwirrt, ungeduldig und hat große Probleme, den Darstellern die Szene so zu erklären, daß sie den Part annehmen und gestalten können.

Wie oft geht es uns im Leben ähnlich. Wir sind mit unserer Umwelt unzufrieden und wissen auch sofort, an wem es liegt: Die anderen funktionieren nicht so, wie wir es wollen. Wenn die anderen doch einmal begreifen und mitdenken würden... Nur – Gedankenlesen ist noch nicht als olympische Disziplin zugelassen. Viele können ja noch nicht einmal ihre eigenen Gedankenwindungen entknoten, geschweige denn, die Denkinhalte anderer empfangen.

»Ich weiß doch, was Sie denken! Geben Sie's doch zu!!« brüllt unser Regisseur und hat somit schon die Basis für eine menschliche Zusammenarbeit geraubt.

> Worte können sehr weh tun, aber die
> Gedanken sind ihre Schleifsteine.

Der Regisseur geht wutentbrannt in einen kleinen leeren Aufenthaltsraum und kauert sich in einen Sessel. Er hält die Hände vors Gesicht und zischt: »Warum immer ich, warum jedesmal ich?«

Und auch diesen Zustand kann sicherlich jeder Leser nachvollziehen. Wir befinden uns manchmal an einem Punkt im Leben, der die Frage nach der eigenen Verantwortlichkeit stellt: Warum ich gerade? Was habe ich verbrochen, daß mir dies oder jenes geschieht? Typisch, das kann nur mir passieren!

Schluß damit! Ende!

Neuanfang. Beginn einer erfolgreicheren Inszenierung auf Ihrer neuen Lebensbühne und nach Ihrem eigenen Drehbuch.

Das Drehbuch für Ihr zukünftiges Leben ist eine Zukunftsplanung, eine Erlebnisvorschau. Wann Sie wo, was mit wem erleben wollen, soll dort möglichst detailliert aufgeschrieben sein. Alle Wünsche, Ziele, Gemeinsamkeiten treffen hier genauestens formuliert zusammen, damit Sie als Regisseur Ihres Lebens auch eine erfolgreiche Inszenierung zustande bringen. Damit Ihr Leben von der ersten Klappe bis zur letzten Aufführung ein Erfolg wird.

Und schon sind wir bei der Praxis

Ich betrete gutgelaunt ein Kaufhaus und suche nach der Tafel, die über die verschiedenen Abteilungen Auskunft gibt. Ich finde sie neben der Rolltreppe.

Ich höre eine Stimme: »... und deswegen sollten Sie niemals ohne unser Insektenspray in die Tropen fliegen ...«

Ich wende meinen Kopf in die Richtung, aus der die Stimme kam, und sehe eine attraktive Frau, deren Anblick mich vergessen läßt, was ich eigentlich im Kaufhaus besorgen wollte. Sie bietet an einem Sondertisch ihre Waren an.

Eine andere Stimme hinter mir: »Würden Sie mich bitte mal durchlassen?«

Ich wende mich um und sehe

einen älteren Herrn mit einem Spazierstock. Ich trete zur Seite und sage:

Ich:
»Aber gern doch.«

Mein Blick verfolgt den alten Mann, richtet sich aber danach wieder auf die attraktive Verkäuferin.

Die Frau:
»Aber auch hierzulande haben wir in bestimmten Jahreszeiten mit Insekten zu kämpfen. Viele werden des Nachts von einer brennenden Lampe durchs offene Fenster angezogen...«

Mein Gesicht erhellt sich, ich weiß wieder, was ich besorgen wollte: eine Glühbirne für meine Nachttischlampe.

Ein kurzes, fast banales und alltägliches Beispiel, um das Zusammenwirken von optischen und akustischen Eindrücken zu demonstrieren. Aber die vorangegangene Szene gibt schon einen kleinen ersten Eindruck in den Aufbau eines Drehbuchs. Es teilt sich in zwei Hälften. Die optische links und die akustische rechts. Alles, was wir sehen (Personen, Örtlichkeiten, Gegenstände, Lichtstimmungen, Farbeffekte, Trickelemente usw.) werden für den Leser nachvollziehbar und mit Liebe zum Detail beschrieben. Die hörbaren Elemente wie: Stille, Geräusche, Monologe, Dialoge, Musik usw. werden auf möglichst originelle Weise zugeordnet.

Alles, was wir wollen, ist in uns bereits enthalten. Wir müssen den

Dialog mit uns selbst fördern und Entscheidungen treffen, welche Dinge für uns die richtigen sind, und dementsprechend handeln.

Wenn *ich* also bestimme, was ich tue, dann liegt es auch in meiner Hand, aus Hektik überlegtes Handeln zu machen und Unsicherheit in Selbstbewußtsein zu verwandeln mit dem Blick auf meine wahren Vorlieben. Und durch planvolles Gestalten von Gegenwart und Zukunft im Bereich meiner geistigen, seelischen und körperlichen Möglichkeiten.

Wir brauchen nur ein wenig Mut, uns selbst als Regisseur unseres Lebens zu akzeptieren. Etwas Stärke, unsere Person dazu zu machen, wozu sie geboren ist: zum selbständig denkenden und handelnden Menschen, der sich seiner Veranlagung, Wünsche und Ziele entsprechend entfaltet.

Ich bin – ich kann – ich werde. Diese aussagestarken Satzanfänge lassen sich negativ mißbrauchen: Ich bin nichts, ich kann nichts, ich werde total versagen. Eine selbstverantwortliche und dem positiven Denken entsprechende Formulierung lautet: Ich bin der beste Regisseur für mein Lebensgefühl. Ich kann das Drehbuch für meinen Erfolg besser als andere schreiben. Ich werde die Chancen meines Lebens nutzen, mich für mein eigenes und das Wohl anderer zielbewußt einsetzen.

Wie schön das klingt und sicherlich jetzt in Ihnen schwingt! Genießen Sie es, und seien Sie stolz darauf, wie sich die Gedanken in Ihnen verbünden und für Sie arbeiten. Das heißt, Sie haben innere Unterstützung. Ihr Kern mobilisiert Energien für Ihren Erfolg. Und jeder Erfolg beginnt mit einer Idee, mit einem Gedanken, der ausreichende Kraft für eine Umsetzung erzeugt...

So schließt sich der Kreis: Das Symbol für Ganzheit, für die Kombination von Anfang, Mitte und Vollendung. Ihr Leben ist das, was Sie daraus machen. Sie werden das erleben, was Sie ins Leben geben und wie Sie Ihr Leben in Szene setzen.

Denken Sie an das, was Sie erleben möchten. Wenn Sie morgens aufwachen, wo soll das sein? An der Seite welches Menschen, in welchem Raum? Wie soll sich Ihr Leben abspielen? Wie stellen Sie sich Ihren beruflichen Erfolg vor? Und wie sieht es mit dem Freizeitgenuß aus? Reisen, Freunde, Gesundheit und Lebensfreude? Welche Rolle übernehmen dabei Ihre eigenen Entscheidungen?

Lassen Sie sich nicht länger von anderen leben. Denken Sie in Bildern: Das Drehbuch Ihres Lebens ist die Einstimmung auf die Verwirklichung Ihrer Wünsche und Neigungen. Nehmen Sie sich jetzt gleich fünf Minuten Zeit, genaue Vorstellungen (Visionen) über Ihr ideales Leben zu entwickeln. Danach erst lesen Sie weiter.

1. ....
2. ....
3. ....

Wäre es nicht schön, wenn diese Gedanken Wirklichkeit werden?

Vergleichen Sie einmal Ihre bildhaften Vorstellungen von eben mit den realen Gegebenheiten Ihres jetzigen Lebens. Wenn es dazu einen Unterschied gibt, dann sollten Sie die nächsten Kapitel sehr aufmerksam studieren, um Ihr Leben Ihren Wünschen entsprechend weiterzuentwickeln.

... So sitze ich am Abend zu Hause bei einem Glas Bier und schreibe einige Drehbuchseiten für einen der nächsten Tage.

Ich wache morgens auf und trete vor meinen Badezimmerspiegel. Mein etwas ernstes Gesicht wird zunehmend freundlicher und lächelt mich wohlwollend an.

Meine Stimme:
»Guten Morgen. Ich freue mich auf den heutigen Tag. Ich bin sicher, daß ich vielen inter-

essanten Menschen begegnen werde und wir gemeinsam dem Heute eine individuelle Note geben können. Ich bin begeistert! Ein ganzer Tag Lebenszeit, der von mir ideenreich und tatkräftig gestaltet werden kann. Danke, daß du mitmachst.«

Nach der Morgentoilette sitze ich entspannt am Frühstückstisch und genieße die Ruhe, die ich jeden Tag einplane. Eine positive Einstimmung auf den Tag gibt Ausgeglichenheit, Gelassenheit und innere Stärke.

Meine Gedanken:
»Die Zeit wird für mich als Erhöhung meiner Lebensenergie immer bedeutender. Wer sich so wohl fühlt wie ich, strahlt das auch aus. Die Wirkung meiner Persönlichkeit kommt zu mir zurück – als Sympathie, menschliche Wärme und geschäftlicher Erfolg.«

Ich gehe aus dem Haus, steige in meinen Wagen und fahre einem erlebnisreichen Tag entgegen.

Warum sollte man eigentlich seine Wünsche und Vorhaben in Drehbuch-Form aufschreiben? Was hat das für einen Sinn – außer Papier zu beschriften und Möchtegern-Drehbuch-Autor zu spielen?

Sie könnten es sich doch auch leichter machen und die Meinung anderer Menschen übernehmen, die da sagen, es kommt doch alles so, wie es kommen soll. Oder noch einfacher, man überläßt die Gestaltung seines Lebens anderen Menschen.

Das ist die einfachste Methode »gelebt« zu werden und immer jemanden beim Namen nennen zu können, der es falsch macht, der uns falsch lenkt. Jeder, der sich ohne den Einsatz der eigenen Seelenkraft lenken läßt, kann nur unzufrieden, unglücklich und ohne Erfolgserlebnisse sein.

Das beginnt schon mit dem Kindsein, wenn die Eltern immer alles besser wissen und ihre Kinder in der natürlichen Entwicklung durch die falschen Impulse behindern. Wenn sie dann heranwachsen und bestimmte Dinge im Leben nicht umsetzen können, erdreisten sich viele Eltern sogar zu sagen: »Ich hab's ja schon immer gewußt, du kannst es eben nicht allein, dir muß man immer sagen, was du tun mußt.«

So erzieht man unglückliche Wesen mit dem falschen Programm in ihrem Unterbewußtsein. Und was das bedeutet, haben leider viel zu viele Menschen erleben und ausbaden müssen. Die menschliche Sicherheit, einen wahren Freund zu haben, ist die einzige Möglichkeit, über den Weg des Vertrauens seinen festgefahrenen Weg zu verlassen und die richtige Richtung einzuschlagen.

Schön ist natürlich, wenn jeder auch selbst sein eigener Freund ist und mit sich ein Verhältnis aufbaut, das kraftvoll, friedvoll und liebevoll den Kern des Wesens entdeckt und weiterentwickelt.

Bücher haben im allgemeinen immer ein theoretisches Übergewicht, deren praktischer Nutzen viel Energie und besondere Einsatzbereitschaft des Lesers fordert. Das, was wir zu verstehen glauben und gedanklich nachvollziehen können, ist aber nur wie ein Telefonhörer in der Hand. Die richtige Nummer zu wählen, den gewünschten Gesprächspartner zu erreichen und mit ihm eine für beide Seiten vorteilhafte Unterredung zu führen, das ist das Ziel.

Klarheit über uns selbst können wir nur durch tägliche Arbeit an uns selbst erlangen. Und Arbeit heißt Praxis. Praxis heißt Drehbuch und Regie, um sein eigenes Leben erfolgreich in Szene zu setzen.

Welche Mittel haben wir für die Inszenierung unseres Lebens? Aber fangen wir doch erst einmal mit einer einzigen Stunde als Regie-Übung an.

Wenn ich zum Beispiel für dreizehn Uhr einen Termin in einer Werbeagentur vereinbart habe, dann muß ich mir doch erst einmal darüber im klaren sein, ob ich vorher zu Mittag essen möchte oder hinterher. Habe ich an diesem Tag sehr spät gefrühstückt, dann werde ich wohl das Essen auf die Zeit nach dem Termin verlegen, zumal die Chance besteht, daß Herr Lahnstein mich zu einem köstlichen Menü einlädt.

Drehbuch für diesen vereinbarten Agentur-Termin

Ich sitze im Auto und schaue auf die Uhr. Sie zeigt 12.45 Uhr.

Meine Gedanken:
»Schön, jetzt hab' ich genügend Zeit, einen Parkplatz zu finden.«

Ich fahre in das Parkhaus des Einkaufszentrums Hamburger Straße auf das Parkdeck 1 und sehe auf der linken Seite einen Platz frei werden. Ich parke meinen Wagen und gehe ins Einkaufszentrum.

Meine Gedanken:
»Es macht Spaß, rechtzeitig und ausgeruht zu einem Ter-

Ich befinde mich im Aufzug des Geschäftshauses Hamburger Straße und kontrolliere im Spiegel den Sitz meiner Kravatte.
Ich sehe mir ins Gesicht und fühle mich durch die Nähe meines Spiegelbildes in guter Gesellschaft. Mein Unterbewußtsein ist mein bester Freund und Mitarbeiter, und genauso kann ich mich mit ihm unterhalten.

Die Fahrstuhltür öffnet sich, und nach wenigen Schritten betrete ich die Agentur.

min zu gehen und mich kraftvoll mit tiefen Atemzügen darauf einzustimmen. In meinem Koffer befinden sich alle nötigen Unterlagen und in meinem Kopf die dazugehörigen spontanen Ideen.«

Meine Stimme:
»Gleich sind wir zu viert. Herr Lahnstein, sein Mitarbeiter und wir beide. Gut, daß ich dich mitgenommen hab', damit unsere Firma in dieser Konferenz ebenfalls mit 50 % vertreten ist.«

Ich:
»Einen wunderschönen guten Tag. Ich habe einen Termin bei Herrn Lahnstein, Arndt ist mein Name.«

Eine blonde Telefonistin erwidert mein freundliches Lächeln und sagt:

»Guten Tag. Nehmen Sie doch einen Augenblick Platz. Ich werde Herrn Lahnstein sofort verständigen.«
Ich:
»Danke. Wenn Sie so strahlen, könnte man direkt das schlechte Wetter draußen vergessen.«
Sie:
»Das haben Sie aber nett gesagt. Ich bin sofort wieder da.«

Mein Blick schweift über die Räumlichkeiten, die geschmackvolle Einrichtung und den schönen Ausblick auf Hamburg.

Meine Gedanken:
»In dieser Agentur zu arbeiten, macht bestimmt Spaß. Die Mitarbeiter scheinen sich hier wohl zu fühlen und tragen das Ihre zur Atmosphäre bei.«

Die Dame kommt zurück und sagt:

»So, Herr Lahnstein hat zu Ende telefoniert. Sie können jetzt zu ihm…«
Ich:
»Bevor ich mit Herrn Lahnstein spreche, würde ich gern noch Ihren Namen wissen.«

Sie:
»Aber gern. Meine Name ist Winter.«
Ich:
»Danke. Bis gleich, Frau Winter.«

Wenige Schritte später begrüße ich Herrn Lahnstein und nehme ihm gegebenüber an seinem Schreibtisch Platz.

Herr Lahnstein:
»Schön, daß Sie da sind, Herr Arndt. Superpünktlich – wie immer. Herr Rohwedder hat sich leider entschuldigen lassen. Er mußte heute morgen zu einem Kunden nach Berlin fliegen und kommt erst spät am Abend zurück.«
Meine Gedanken:
»2:1 für uns. jetzt sind wir in der Mehrzahl.«
Ich:
»Das macht nichts. Wir haben die Unterlagen sorgfältig geprüft und den ersten Drehbuch-Entwurf originell ergänzt. Ohne meinen besten Mitarbeiter (mein Unterbewußtsein) hätte ich das allerdings in der kurzen Zeit nicht geschafft.«

Ich überreiche Herrn Lahnstein das Manuskript. Er überfliegt es und nickt bejahend.

	Herr Lahnstein: »Sehr gut. Ja, so habe ich mir das vorgestellt.«
Mein Gesichtsausdruck ist zufrieden und durch ein leichtes Lächeln entspannt.	
	Meine Gedanken: »Ich habe es mir nicht nur so vorgestellt, sondern in Drehbuch-Form aufgeschrieben und selbst Regie geführt.«

Jede Frage an einen Mitmenschen ist die Inszenierung einer Antwort-Aktivität. Jedes Lächeln ist Regie für den Gesichtsausdruck desjenigen, den das Lächeln trifft. Jedes »Bitte« ist eine Aufforderung, etwas zu tun oder in Empfang zu nehmen. Jedes Handeln geschieht aus innerem oder äußerem Antrieb.

Wer jetzt die Macht spürt, die wir besitzen, um uns selbst und andere zum positiven Handeln zu bewegen, kann das beschriebene Beispiel als Anregung nehmen, ähnliche Situationen zu planen und dennoch mit Spontaneität anzureichern.

Verursachen Sie durch Ihr Denken und Vorbereiten den Zufall, das, was Ihnen zu-fallen soll.

Nehmen Sie einen DIN-A4-Block, und fangen Sie mit der ersten Übung an. Sie werden überrascht sein, was das für Sie und Ihre Zukunft bedeutet.

Übung 1: Die schriftliche Lebensplanung

Sie bereiten sich vor, indem Sie genau aufschreiben, wo Sie was erleben, mit allen Einzelheiten. Und machen Sie es so, wie es in einem Drehbuch üblich ist: links alle optischen und rechts die akustischen Elemente.

Gewinnen Sie Freude und Lust an dieser schriftlichen Lebensplanung. Schreiben Sie sauber und schön – das Drehbuch für Ihr Leben, Teil I:

Wo will ich mit wem was erleben? Welche optischen Eindrücke sehe ich vor meinem geistigen Augen?

Was denke ich, sage ich, sagen die anderen? Was höre ich, genieße ich an akustischen Eindrücken?

Wir leben in einer inszenierten Welt der optischen und akustischen Reize. Werbespots stellen uns ein Produkt in einseitiger, überspitzter Aussage dar. Unser Unterbewußtsein wird angesprochen, und beim nächsten Einkauf sollen wir wie schlafwandelnd dieses bestimmte, vielleicht sogar für uns völlig unwichtige Mittel zielsicher aus dem Regal greifen. Präsentationen von Firmen laufen nach Konzept und Regie ab. Mit und von Menschen, die ihren Beitrag einbringen.

Alle Elemente, die uns begeistern und in uns etwas bewirken sollen, werden zielgruppengerecht und zielbewußt in Szene gesetzt. Kreative Teams entwickeln dafür die gedanklichen Grundlagen des Erfolgs.

Werbespots, Kataloge, Rundfunksendungen und Messe-Präsentationen sind nur einige Beispiele für die Umsetzung von gedanklichen Inhalten und Absichten bis zum Manifestieren derselben in den Köpfen anderer. Denn jeder gezeigte Film läuft während der Vorführung oder Sendung im Kopf des Zuschauers ab. Dort wirkt er manipulierend, stimulierend, ablehnend oder sogar zum Handeln auffordernd und ermutigend.

Positives Denken bringt nur Erfolge, wenn wir uns und andere zum positiven Handeln motivieren.

Der erste Schritt einer persönlichen Regie für die eigene Erscheinung ist die Wirkung auf andere im ersten Augenblick: Körper (Haltung), Augen und Stimme mit ihren ergänzenden Faktoren, Ausstrahlung und Sprachinhalte.

Der Psychologe Nikolaus B. Enkelmann, einer der erfolgreichsten Lebensberater, sagt: »Ein König muß aussehen wie ein König!«

Das bedeutet: Unser Äußeres sagt etwas über unser Inneres, ist die Sichtbarmachung unserer Gedanken und Ideen, unserer Einstellung und unseres Geschmacks.

Realisieren Sie den Werbespot, den Film Ihres täglichen Lebensgefühls als Baustein für Ihre Zufriedenheit. Ohne aufwendige Technik, Filmförderung, TV-Beteiligung oder Millionen-Etats. Aber als Ihren täglichen Beitrag, eigene Vorstellungen zu inszenieren und dadurch auch den Mitmenschen ein konstruktiver und tatkräftiger Partner zu sein.

Eine verschlossene Tür läßt sich mit dem richtigen Schlüssel von beiden Seiten öffnen. Man kann natürlich im Zimmer sitzen und warten, bis jemand auf die Idee kommt, daß in einem Haus einer bestimmten Stadt ein Mensch darauf wartet, daß man seine eigene Tür von der anderen Seite öffnet. Es soll Leute geben, die ihr ganzes Leben in einem Wartezimmer sitzen, und niemand ruft: »Der nächste bitte!«

Wir können aber auch aktiv unser Leben in die Hand nehmen und einfach die Klinke hinunterdrücken. Kopf, Herz, Füße und Hände dazu benutzen, ein interessantes Leben zu führen.

Frau Wohlers sitzt in ihrem Zimmer und wünscht sich, nette Leute für gemeinsame Unternehmungen kennenzulernen. Vor ihrem geistigen Auge entsteht ein Theater. Neben ihr sitzen interessante Leute, mit denen sie sich nach

der Vorstellung über das aufgeführte Stück und andere Themen unterhalten wird.
Sie sitzt mit den Leuten in der kleinen Theater-Kneipe und genießt das wohlige Gefühl, unter Gleichgesinnten zu sein. Sie reden miteinander und planen für die Zukunft gemeinsame Unternehmungen.

Was muß man tun, um die eben beschriebene Vision Wirklichkeit werden zu lassen?

1. *Visionär denken*
   Unsere innere Stimme, Neigungen und Wünsche müssen wir zu bildhaften Vorstellungen machen. So legen wir den geistigen Grundstein für unsere Zukunft.
2. *Weiterführende Ideen entwickeln*
   Das Durchleben der visionären Gedanken muß unbedingt schriftlich festgehalten werden. Die weiterentwickelte Sensibilität der inneren Stimme sorgt hier für das Streichen von falschen Vorhaben und gibt durch Inspirationen Kraft für den Weg der individuellen Stärke.
3. *Handeln*
   Gedanken müssen in die Tat umgesetzt werden. Das geht nur durch Handeln. Die besten Ideen nützen nichts, wenn sie im Kopf oder in einer Schreibtisch-Schublade verstauben.
   Handeln heißt, durch ständiges Schreiben und Korrigieren der Visionen die Wünsche herauszuarbeiten, die sich mit der eigenen Veranlagung decken. Eine sauber geschriebene Vorlage führt zu klarem und genauem Denken. Das entstehende Konzept soll alle Regieanweisungen beinhalten: Telefonieren, Briefe schreiben, Besuche tätigen, Literatur besorgen und studieren – also alles das, was unsere Energie aussendet, damit unser gedankliches Gut sichtbar wird.

4. *Freude über das Erreichte*
   Zielansporn vermehrt sich um ein Vielfaches, wenn das Erfolgserlebnis da ist. Die Freude über das Erreichte dürfen wir besonders großzügig genießen, da wir den erfolgreichen Weg aus innerer Kraft gegangen sind und sich das, was wir uns vorgenommen hatten, materialisiert hat. Weitere Ideen werden hinzukommen und werden ebenfalls danach drängen, mit Tatkraft umgesetzt zu werden.
   Eine stille Stunde jeden Tag führt uns noch näher zu unserem Kern und zu unserer inneren Stimme, die es gut mit uns meint und uns in jedem Augenblick unseres Lebens begleitet. Der innere Berater ist immer für uns, auch wenn der Weg anfangs dem nicht zu entsprechen scheint.

Wenn ich einen sehr starken Wunsch habe, so muß mir dieses Verlangen doch dermaßen viel Wert sein, daß ich begeistert dafür handle. Die Kraft des Antriebs wirkt durch Energien der Liebe und Begeisterung am intensivsten. Ein Herzenswunsch drängt förmlich nach Erfüllung. Und Erfüllung ist wiederum Ansporn zu weiteren Taten.

Frau Wohlers kauft eine Zeitung und schlägt die Seite mit den Kleinanzeigen auf.
1. Anzeige:
Kegelverein »Alle Neune« sucht lustige Mitspieler.
2. Anzeige:
Wir stricken am laufenden Faden gemeinsam und klönen dabei über Gott und die Welt.
3. Anzeige:
Wir interessieren uns für Theater und Gesprächsabende und suchen noch interessierte Gleichgesinnte.

Frau Wohlers geht mit der Zeitung zum Telefon und wählt die Nummer der dritten Anzeige.

Es meldet sich:
»Müller.«
Frau Wohlers:
»Wohlers. Guten Tag. Ich hab' mich gefreut, im Abendblatt Ihre Anzeige zu lesen, und möchte mich erkundigen, wann Sie sich das nächste Mal zum Theaterbesuch treffen.«
Herr Müller:
»Dienstag, 20.00 Uhr. Allerdings treffen wir uns bereits um 18.00 Uhr im Goldenen Hahn in Rahlstedt zum gemeinsamen Essen. Danach geht's dann ins Ernst-Deutsch-Theater.«
Frau Wohlers:
»Das klingt gut. Erst etwas für den Körper und dann etwas für den Geist. Also, ich würde gern kommen.«
Herr Müller:
»Möchten Sie noch jemanden mitbringen?«
Frau Wohlers:
»Ja, sehr gern. Ich werde gleich mit meinem Mann sprechen, und dann sehen wir uns also am Dienstag um sechs.«
Herr Müller:

»Alles klar, Frau Wohlers, dann
bis Dienstag.«
Frau Wohlers:
»Alles klar. Wiederhören.«

Kaum hat Frau Wohlers den Hörer auf die Gabel gelegt, kommen ihr Ideen in Hülle und Fülle. Sie könnte doch auch selbst eine Anzeige schalten und somit Telefonate empfangen, die ihre Interessen und die anderer verfolgen. Man könnte daraus ein Konzept entwickeln und es gemeinsam mit Menschen umsetzen, die sich ebenfalls für einen ehrlichen und vertrauensvollen Kontakt mit gezielten Freizeitaktivitäten begeistern können. Jeder bekommt seine Aufgabe und trägt einen Teil zum Gelingen des Ganzen bei.

Ihr Anzeigentext:

Wir möchten Kontakte unter Menschen nicht nur dem Zufall überlassen und hoffen, über diese Kleinanzeige interessante und gesprächsoffene Leute kennenzulernen.

Dies ist wieder nur ein Beispiel für die unbegrenzten Möglichkeiten, mit anderen Menschen in Kontakt zu treten. Gemeinsam mit ihnen Ziele zu erreichen, die ja auch mit anderen zusammenhängen. Die Regie in seinem eigenen Leben zu führen geht nicht, ohne daß man andere Menschen mit einbezieht. Sagen Sie zu jemandem: »Tue bitte das!«, wird er meistens fragen: »Warum?« Kaum jemand läßt sich also irgend etwas befehlen, ohne nach dem Sinn zu fragen oder sogar danach, was er dafür als Gegenleistung erhält. Und schon sind Sie wieder der Antwortende, der Reagierende, der sich rechtfertigen oder Angebote machen muß, die schlimmstenfalls sogar belächelt oder abgelehnt werden.

Am besten geben Sie nur die Regieanweisungen an sich selbst und andere weiter, die von allgemeinem Vorteil sind. Ihre Rolle auf der Bühne des Lebens möglichst perfekt und dennoch mit Gefühl zu spielen heißt, Ihre persönliche und individuelle Karriere zu starten. Intuition und eine Beständigkeit im Umsetzen von Ideen kann sich jeder antrainieren, um seinen täglichen Erfolgsplan zu gestalten.

Das bedeutet nicht, daß ab heute alles nur nach Drehbuch und Regie abläuft. Auch beim Film ist das nicht so. Bestimmte Einstellungen werden zwanzig-, dreißigmal gedreht, bis Regisseur und Produzent voll zufrieden sind. Manchmal geht dies sogar über den Weg einer Drehbuch-Änderung, wenn zum Beispiel ein bestimmter Text durch eine aktuelle Eingebung eines Team-Mitglieds zum Wohle des Projekts geändert werden muß.

Und so ist es auch im planvollsten Leben. Es wird immer Aktionen geben, die sich leichter als andere realisieren lassen. Auftretende Probleme sind zum Lösen da, und Widerspruch sollten Sie als Ansporn betrachten. Glück auf Knopfdruck ist meiner Meinung nach auch nicht erstrebenswert. Kein Hundertmeterläufer kommt auf die Idee, ohne schnell zu sein, eine Medaille zu gewinnen.

Leistung und vollbrachter Einsatz, erfüllt mit Stolz und Lebensgefühl, führt in dieser Kombination zum Erfolg. Und wir haben uns selbst als Partner und Freund gewonnen. Denn das Vertrauen zu unserem Inneren ist eine wichtige Kapitaleinlage für unsere Zuverlässigkeit.

Wenn wir uns also auf uns selbst verlassen können, uns achten und lieben, entsteht über die Einstellung zum Glück auch Liebe zu anderen, zur Natur, den Elementen und der allmächtigen Existenz, Gott.

Herr Kaufner sitzt am Schreibtisch, und sein Blick fällt auf die vor ihm stehenden Fotos von seiner Frau und seinem Sohn.

Seine Gedanken:
»Ich möchte meiner tiefen Zuneigung zukünftig noch mehr Ausdruck verleihen und häufiger mit meiner Familie zusammen sein.«

Herr Kaufner sieht sich mit seiner Familie in einem Zirkus. Sein Sohn verfolgt mit großen Augen die Elefantennummer, und seine Frau erwidert den liebevollen Blick ihres Mannes. Die Stimmung mit den vielen Kindern rundherum ist einfach überwältigend. Die kleinen Fehler von Tieren und Dompteur dieses Familien-Zirkus lassen die Darbietung menschlich erscheinen.

Seine Gedanken:
»Dieser Moment ist für mich mehr als eine gemeinsame Unternehmung. Er ist das Zusammenrücken von Erlebnis und Freude, von Miteinander und Harmonie.«

Ob eine Situation bereits erlebt oder zum neuen Vorhaben auserwählt wurde oder sich als innerer Wunsch zum ersten Mal zur Regieanweisung entwickelt: Die Intensität des Verlangens, der starke Wunsch, aus der Vision ein erreichbares Ziel zu machen, ist ausschlaggebend. Die innere Stimme soll uns hier den Weg zeigen, welche Ziele zu uns passen und aktiv weiterverfolgt werden sollen. Wir lernen also auch die Fähigkeit, bestimmte Wünsche auszuradieren – sei es aus Vernunftsgründen oder Prioritätenveränderung.

Es gibt viele Leute, die über das positive Denken schreiben und reden. Einige von ihnen haben allerdings die richtige Deutung dieser Methode zur Selbstentfaltung nicht begriffen und verunsichern zunehmend Leser und Seminar-Teilnehmer.

Es geht nicht darum, sämtliche Bücher über dieses Thema zu lesen und einen Wettbewerb zu veranstalten, wer die meisten Vorträge und Seminare besucht hat. Was einzig und allein zählt, ist Ihr subjektives Lebensgefühl. Ihr persönliches Glück ist entscheidend. Und dieses Glück bekommen Sie oft leichter und schneller durch die Umsetzung einer einzigen Theorie (Drehbuch) in die Praxis (Regie).

Seien Sie fair zu sich selbst, und nehmen Sie sich wichtiger als bisher. Ihr Einfluß auf Ihr Leben ist der Schlüssel Ihrer Entfaltung. Sie bestimmen doch selbst Ihren Gesichtsausdruck, wie Sie sich kleiden, was Sie zu wem sagen und an welchem Ort Sie sich aufhalten. Selbstverständlich in bestimmten Grenzen, die uns allen gesetzt sind.

Aber auch das Anerkennen einiger Grenzen werden Sie lernen und annehmen. Mit den Erfolgen Ihrer zukünftigen Lebensgestaltung wird der Raum Ihres Denkens um ein vielfaches größer. Parallel zu dieser Entwicklung verändern sich dann ebenfalls die subjektiven Grenzen. Wenn also Gedanken durch Weiterdenken und Handeln sichtbar werden, verlangen auch weiterführende Gedanken eine räumliche Veränderung.

Betrachten wir doch einmal einen Fernseher. Wir können auf der Mattscheibe ein ganzes Hochhaus abbilden bis hin zur Sichtbarmachung von Elektromikroskop-Aufnahmen. Wir können das Auge eines Menschen bildfüllend präsentieren oder eine Menschenmenge in Rom, die dem Papst lauscht.

Das Medium Fernsehen ist also in der Lage, uns die Realität häppchenweise und aus einer Vielzahl von Perspektiven darzustellen. Schnittfolgen und akustische Untermalung, mit Kommentar versehen, sind dann in der Lage, in uns einen subjektiven Eindruck zu entwickeln.

Aber wir sind nicht auf den Bildschirm angewiesen, um das

Leben kennenzulernen. Gehen wir doch hinaus in die Welt und ihre erlebnisreichen Elemente, und sehen wir uns das Leben live an. Gehen wir doch selbst in den Wald, um einen bestimmten Käfer zu suchen oder von einer kleinen Brücke aus unser Spiegelbild einmal im Naturgewässer zu entdecken.

Gehen wir doch hin zu den Menschen, und fragen wir sie persönlich, ohne immer einen Reporter zwischenzuschalten, der ja nur in den seltensten Fällen auch die Frage stellt, die uns bewegt. Schimpfen wir nicht immer über die Fehlentscheidungen und Inaktivitäten der anderen, sondern geben wir uns und unseren Mitmenschen Ideen und Impulse, damit wir alle weiterhin die Chancen für ein besseres Miteinander unterstützen.

Und damit sind wir beim elementaren Thema des Gebens und Nehmens. Damit ist nicht nur gemeint, daß jemand einem anderen Geld gibt, und der gibt es in einem Geschäft aus, sondern die Tragfähigkeit dieses Lebensschwerpunkts ist nur im Aspekt der Ganzheit zu ergründen.

Wir haben jeden Augenblick die Möglichkeit zu geben. Einen Handschlag, ein Lächeln, ein nettes Wort, eine freundliche Geste und viele andere Dinge mehr, die im täglichen Leben des Gebens nichts kosten und keinen Verlust bedeuten.

Wenn ich jemandem eine Ohrfeige gebe, erhalte ich entweder eine zurück oder mein Gegenüber straft mich mit negativen Gedanken und bringt durch eiskaltes Schweigen seine Verachtung zum Ausdruck.

Schenke ich jemandem ein freundliches Lächeln und, damit verbunden, ein freundliches Wort, so ist die Chance sehr groß, daß er auch zu mir – ähnlich wie ein Spiegelbild – freundlich sein wird.

Umgekehrt ist es ja genauso. Wenn wir von jemandem auf besonders höfliche Art angesprochen werden, neigen wir eher dazu, dieser Reaktion zu entsprechen. In diesem Augenblick gibt der Mitmensch uns zu verstehen, daß er positive Energien abzugeben hat. Diese Energien sprechen in uns die ureigenen Harmoniereserven an und machen es uns leicht, ähnlich freundlich zu reagieren.

Herr Mertens geht in ein Restaurant und setzt sich an einen Fensterplatz mit gutem Ausblick. Der Kellner tritt herbei und sagt:

»Dieser Platz ist besetzt. Sie müssen sich schon gefälligst einen anderen Tisch suchen.«
Herr Mertens:
»Das ist ja eine Unverschämtheit. Hier steht aber kein Reserviert-Schild.«

Der Kellner geht nicht weiter auf diesen Einwand ein, sondern bedient einen Gast zwei Tische weiter.

Diese Szene ist unangenehm, aber für jeden als realistisch einzustufen, da wir sie in dieser oder leicht abgeschwächter Form bestimmt schon selbst erlebt haben. Mit Menschen umzugehen, auszukommen, gute Erfahrungen zu machen ist nur durch Führung von Menschen möglich. Und das heißt, die Eigenführung und die Führung anderer, durch sich selbst und andere.

Im nächsten Beispiel soll die Situation mit dem Kellner vom Gast möglichst harmonisch gelöst werden. Das hat den Sinn, daß der Gast zu seinem Essen kommt und dem Kellner geholfen wird, sein Verhalten zu ändern, beziehungsweise durch sein geändertes Verhalten den Gast nicht zu verlieren.

Herr Mertens betritt ein Restaurant und setzt sich an einen Fensterplatz mit schönem Ausblick. Der Kellner tritt hinzu und sagt:

»Dieser Platz ist besetzt, Sie

müssen sich gefälligst an einen anderen Tisch setzen.«
Herr Mertens:
»Entschuldigen Sie. Das habe ich nicht gewußt. Ich habe auch kein Schild entdeckt, das die Reservierung anzeigt. Können Sie mir vielleicht einen anderen ähnlich guten Platz empfehlen?«
Der Kellner:
»Da müssen Sie schon selbst schauen. Wenn ich jedem Gast auch noch 'n majestätischen Platz aussuchen soll, würde ich mit meiner Zeit gar nicht mehr zurechtkommen.«
Herr Mertens:
»Ja, da haben Sie recht. Die Zeit ist der Schuh, der uns alle etwas drückt. Auch ich finde die Zeiten für die Mittagspausen viel zu kurz, so daß man immer nur ganz schnell etwas in sich hineinschlingen kann. Aber Ihr Restaurant ist für mich günstig gelegen, und so interessiere ich mich auch überwiegend für Ihr Stammessen, das Sie täglich anbieten. Übrigens in einer halben Stunde muß ich eh schon wieder am Arbeitsplatz sein. Wann erwarten Sie denn die Gäste?«

Der Kellner:
»Okay. Dann bleiben Sie mal sitzen. Die haben sich erst für 13.00 Uhr angemeldet. Nehmen Sie das Menü 1 oder 2? Erbsensuppe mit Wursteinlage oder Grünkohl mit Kassler und Speck?«
Herr Mertens:
»Oh, das klingt gut. Ich bin ein Grünkohl-Fan. Also einmal Grünkohl und dazu ein schönes Bier.«
Der Kellner:
»Okay.«

Der Kellner schreibt sich die bestellten Dinge auf und geht an seine Arbeit.

Wir haben in diesem Moment aus dem Kellner zwar keinen freudestrahlenden und vorbildlich reagierenden Mitmenschen gemacht, der einen Sinn darin sieht, zu sich und den Gästen höflicher zu sein, aber wir haben ihm ein Signal gegeben, das vielleicht einem weiteren Gast einmal zugutekommen wird. Vielleicht wird er beim nächsten Mal fragen, wenn eine Tischreservierung vorgenommen wurde, wie lange der Gast denn zu bleiben gedenkt. Außerdem hat er das Signal des Stammkunden erhalten, und das Trinkgeld, das Herr Mertens ihm gegeben hat, motiviert ihn sicherlich, zukünftig das Gespräch in freudiger Erinnerung zu behalten.

Frau Weber ist eine gutaussehende Mittdreißigerin, die über eine Freundin mit dem positiven Denken in Berührung kam. Sie las verschiedene Bücher und tauschte sich in kleinen Gesprächsgruppen aus. Jeden Morgen reservieren sie sich eine halbe

Stunde für die Übung mit Visionen. Gedanklich erlebte sie nun allmorgendlich das, was sie sich ersehnte. Aber dabei blieb es auch vorerst. Die Notwendigkeit des zweiten Schrittes »Handeln« war ihr zu dieser Zeit in der Konsequenz für das Umsetzen ihrer Gedanken in Wirklichkeit durch Lektüre und Gespräche nicht bewußt.

Selbstverständlich kann man sich mit geöffnetem Mund unter einen Apfelbaum stellen und so lange warten, bis eine reife Frucht selbst den Weg findet. Ich kann aber auch in Gedanken den Wunsch verspüren, einen Apfel zu essen, suche mir mit den Augen den schönsten aus, ergreife ihn mit den Händen, um ihn abzupflücken und esse ihn dann mit Genuß.

Wenige Wochen, nachdem Frau Weber ein Praxis-Seminar bei mir besucht hatte, bat sie um eine persönliche Unterredung in meinem Büro. Schon bei der Begrüßung spürte ich, daß diese Frau sich völlig verändert hatte. Sie hatte viel mehr aus ihrem Typ gemacht, hatte an Ausstrahlung gewonnen und die Fähigkeit gelernt, sehr schnell auf den konkreten Punkt ihres Anliegens zu kommen.

Sie berichtete mir von einer Reise, die sie unternommen hatte, um in München einen Mann kennenzulernen. Sie war mit einer Freundin im Auto mitgefahren. Die beiden wollten sich die Reisekosten teilen. Jetzt trug es sich auf der Reise zu, daß das Gesprächsthema oft auf die Fahrgeschwindigkeit kam. Frau Weber konnte es kaum noch ertragen, wie langsam ihre Freundin über die Autobahn schlich. Sie sah ihre Verabredung gefährdet und konnte den Herrn in München telefonisch nicht verständigen, um den Termin zu verschieben.

Nach dieser gespannten Fahrt von Hamburg nach München kam es zu einem handfesten Streit zwischen den beiden Frauen, so daß Frau Weber total genervt am Ortsschild München bereits aus dem Auto ausstieg.

Sie stand vor einem großen Haus, aus dem im selben Augenblick ein vierzigjähriger Computer-Fachmann kam. Er hatte gerade noch die Verabschiedungs-Szene der Frauen mitbekommen und bemerkte die Tränen in Frau Webers Augen und ihre Hilflosigkeit. Der Mann ging zu Frau Weber und kam mit ihr ins Gespräch. Es stellte sich heraus, daß er ganz in die Nähe von Frau Webers Treffpunkt fahren wollte.

Auf der Fahrt vom Stadtrand München bis zur Innenstadt sind sich Frau Weber und Herr Frobehn nähergekommen. Beide spürten sofort Sympathie füreinander. Herr Frobehn war nicht in der Lage, den richtigen Ort in der Innenstadt zu finden, da er sich nicht mehr auf das Autofahren konzentrieren konnte.

Hier waren Energien aufeinander getroffen, die sich wie magnetisch anzogen. Sie fuhren zu Herrn Frobehn nach Hause und unterhielten sich den ganzen Tag und die ganze Nacht über ihre Vergangenheit, Gegenwart und Zukunftspläne.

Als Frau Weber bei mir im Büro saß, ging es nur noch darum, daß sie möglichst schnell mit Sack und Pack nach München ziehen wollte. Sie fragte mich, was die schreckliche Autofahrt mit diesem neuen Lebensgefühl zu tun habe.

Ich erklärte Frau Weber noch einmal, daß wir in einer Welt der Polaritäten leben, in einer Welt der Gegensätze. Ständig müssen wir uns entscheiden zwischen zwei Möglichkeiten. Entweder – oder. Entweder heute oder morgen. Entweder sitze ich oder ich stehe. Es funktioniert nicht beides gleichzeitig.

Hinter dieser Welt der Gegensätze aber steht die Einheit. Polaritäten sind jeweils nur zwei verschiedene Aspekte ein- und derselben Wirklichkeitseinheit. Sie bilden zusammen die Einheit, und nur bei oberflächlicher Betrachtung erscheinen sie uns als Gegensätze.

Frau Weber hatte im beschriebenen Augenblick nur unbewußt reagiert und nicht vorsätzlich gehandelt, als sie das Auto der Freundin verließ. Intuition ist das unbewußte Reagieren unseres Inneren und hilft uns bei sensibler Anwendung, unserer Neigung entsprechend zu leben.

Hätte Herr Frobehn nicht sofort reagiert und Frau Weber angesprochen, würde sie bis heute nicht wissen, warum es so wichtig war, gerade an dieser Straßenecke auszusteigen. Sinnbildlich stieg sie aus einer Situation aus, die wegen ihrer negativen Energien längst schädlich geworden war. Sie stieg aus der verzweifelten Einsamkeit und dem provozierten Streß aus und Sekunden später in eine neue Lebenssituation ein, mit positiven Vorzeichen und Zukunftsperspektiven.

Wenn zwei Menschen offen füreinander sind und dasselbe wollen, können sie so ziemlich alles erreichen. Und dies soll Ihnen Mut machen, Ihre positiven Gedanken nach außen zu kehren, in Aktionspläne zu fassen und nicht nur zu denken, sondern durch Handeln in die Tat umzusetzen. Die Zeichnung des Architekten ist nur das wert, was Maurer, Zimmerleute, Glaser, Elektriker und andere Handwerker daraus machen.

Übung 2:
Die Umwandlung negativer Aspekte in positive Lösungen

Welche Situationen fallen Ihnen ein, die Ihnen besonders negativ erschienen und sich wenig später als Neubeginn einer besseren Lebensphase zeigten? Zum Beispiel ein Krankenhausaufenthalt – und die Krankenschwester wurde Ihre Lebensgefährtin.

Entwickeln Sie eine Drehbuch-Szene: im Mittelpunkt ein negativer Aspekt Ihres jetzigen Lebens mit einer ideenreichen, positiven Wandlung. Fallen Ihnen mehrere Lösungen ein, schreiben Sie auch diese auf.

Wo ist Ihnen Negatives widerfahren? Wen sehen Sie wie vor sich?
Schreiben Sie detailliert.

Wer hat was zu Ihnen oder was haben Sie zu wem gesagt? Welche akustischen Reize hören Sie?

Co-Autoren. Von der Bedeutung der Teamarbeit

Bei Film- und Fernsehproduktionen gibt es den Begriff des Teams, der bedeutet, daß viele Positionen und Berufsgruppen zusammenwirken. Viele von Ihnen kennen den Begriff, daß »eine Kette so stark ist, wie das schwächste Glied«. Dies trifft beim Film in besonderer Weise zu. Wenn die Darsteller ihren Text beherrschen und voller Ausdruck präsentieren können und der Regisseur eine wundervolle Leistung erbringt, nützt diese erfolgreiche Abwicklung überhaupt nichts, wenn der Garderobier verschlafen hat und mit den Klamotten nicht rüberkommt, der Kamera-Assistent den Film nicht richtig eingelegt hat oder die Tasche mit den Schminkutensilien der Maskenbildnerin verlorenging. Jeder einzelne hat seine Aufgabe möglichst gut zu erfüllen, damit die Gesamtheit des Films davon profitiert.

Aber auch ein Film, der optisch perfekt gestaltet ist, aber nicht über genügend interessanten Stoff verfügt, wird beim Zuschauer nicht ankommen. Was nützt uns die schönste Verpackung, wenn der Inhalt verdorben ist oder gar nicht vorhanden? Deswegen sollten wir immer bei den Gedanken, beim Inhalt, beim Konzept für ein Vorhaben beginnen und daraus Handlung, Aktivität und Produktion unseres Lebensgefühls machen.

Es ist auch möglich, mit anderen Menschen zusammen bestimmte Gedanken zu entwickeln und mit ihnen gemeinsam ein Konzept zu erarbeiten. Beim Film nennt man dies Co-Autorenschaft, wenn mehrere Leute für einen Stoff verantwortlich zeichnen. So hat jeder die Möglichkeit, seine Schwerpunktfähigkeiten in die Zusammenarbeit einzubringen.

Der eine kann wunderbare Dialoge schreiben, der andere hat die besseren Ideen für die Entwicklung einer interessanten Geschichte. Und der dritte präsentiert seine bildhaften Vorstellungen für die optische Umsetzung so ideenreich wie kaum ein anderer.

Die Gesamtheit gibt dann die Grundlage für einen guten Film.

Die Kombination von kreativen Energien setzt aber die Team-Fähigkeit voraus. Miteinander kooperieren heißt auch, Verständnis für den anderen, aber ebenso Durchsetzungsvermögen für die Umsetzung der eigenen Ideen entwickeln.

Alle Welt spricht zwar vom Autoren-Mangel im Film- und Fernsehbereich. Das scheint mir nicht ganz richtig; es gibt sicherlich einen Mangel an guten Drehbüchern. Autoren, die Stoffe anbieten, haben wir genug. Aber sie sind nicht immer in der Lage, in ihrem Kämmerchen interessante Ideen hervorragend in eine Drehbuch-Form zu bringen. Hier könnte der Vorschlag, Autoren-Teams zu bilden, eine wichtige, qualitätsfördernde Anregung sein.

Alle Menschen, mit denen Sie gedanklichen Austausch haben, beeinflussen Sie. Nicht immer in der Form, daß Sie ausschließlich auf das hören, was andere sagen, aber Sie nehmen vielleicht die eine oder andere Idee auf und denken darüber nach. Sie sollten dies zukünftig häufiger tun, um auch sicherzugehen, daß Sie möglichst viele Seiten einer Sache betrachtet haben, um dann richtig zu entscheiden. Ob man richtig entschieden hat, weiß man erst später, aber Ihre Intuition, Ihre innere Stimme wird Ihnen für Ihre Entscheidung sehr wichtige Dienste leisten.

Übung 3:
Wie man Kontakte schließt, um sich gegenseitig zu helfen

Mit welchen Menschen möchten Sie gern über gemeinsame Aktivitäten sprechen? Wem können Sie mit Ihren Ideen, Ihrem Verständnis helfen? Wer kann Ihnen bei der Realisierung Ihrer Wünsche behilflich sein und sogar eigenen Nutzen daraus ziehen?

Wo wollen Sie Menschen treffen? Wie ist die Atmosphäre? Was sehen Sie für Einzelheiten?

Wie sprechen Sie miteinander? Wer beginnt das offene Gespräch mit welchen Worten? Wie ist der Klang Ihrer Stimme? Welche Geräusche mischen sich dazu?

Sie erinnern, daß Frau Weber unbedingt nach München wollte, um einen bestimmten Mann kennenzulernen. Dieser Wunsch war so stark, daß sie die Autofahrt bis zum Münchener Ortsschild trotz katastrophaler Stimmung durchielt. Und dann irgendwann sagte ihre innere Stimme: »Ich muß jetzt raus!« Und sie setzte den Wunsch um.

Seien Sie also dankbar, wenn Ihnen Ihre innere Stimme einen Hinweis gibt. Überlegen Sie trotzdem, ob das, was sie sagt, in der Umsetzung Folgen haben könnte, die nicht wieder rückgängig zu machen sind. Üben Sie dies in kleinen Angelegenheiten, um daraus für die größeren Entscheidungen zu lernen. Irgendwann werden Sie sich zunehmend und in vielen Gelegenheiten auf den Rat Ihrer inneren Führung verlassen können und es auch tun.

Wie oft haben wir das Gefühl, von jemandem »zugequatscht« zu werden. Die Nackenhaare sträuben sich uns schon, wenn wir eine bestimmte Stimmfrequenz wahrnehmen. Am liebsten möchten wir das Gespräch abbrechen, aber wie aus einem inneren Zwang heraus, lassen wir es dennoch zu. Denn es könnte nur ein einziger Satz in den Ausführungen sein, der für uns und unsere Beziehungen zu Menschen wertvoll ist.

Nicht alles, was im ersten Augenblick unattraktiv, überflüssig und negativ erscheint, ist dies auch noch bei genauerem Hinsehen. Arbeiten Sie also auch im Bereich der Persönlichkeitsbildung mit anderen zusammen, tauschen Sie sich aus mit anderen und deren Erfahrungen.

Sehen Sie in jeder menschlichen Begegnung gleichfalls eine Anregung für Ihr eigenes Leben. Vertrauen Sie dem Grundsatz, daß es einen Zufall im herkömmlichen Sinne nur gibt, wenn wir es so deuten, »Der Zu-fall ist das, was uns zu-fällt«. Ein nicht neuer Satz, den wir aber endlich annehmen und in unsere Wahrnehmung integrieren müssen.

Nur was wir für möglich halten, kann auch Realität werden. Und nur gute Ideen sollten wir zu Taten werden lassen. Dazu gehört ebenfalls, daß wir Entscheidungen nur aus guter Stimmung heraus treffen. Fehlentscheidungen entstehen immer aus Nervosität, schlechtem Befinden, falscher Information, gedanklicher Fehlkombination, gekränkter Eitelkeit, Unwissenheit und negativer Geisteshaltung. Durch produktives Denken bauen Sie Ihr Leben auf. Wenn Sie Ihr Leben aufbauen, schütteln Sie Negatives ab und werden mit sich und der Welt gemeinsam mit den bestehenden Polaritäten im Einklang sein.

Garderobe. Ein König muß aussehen wie ein König

Wenn sämtliche Schauspieler in einem Film Jeans und Polohemden tragen würden, wären die optischen Elemente der Kleidung realitätsfremd.

Sie erinnern sich an den Satz von Nikolaus B. Enkelmann, »Ein König muß aussehen wie ein König.« Dazu gehören sicherlich, wenn wir an die alten Märchen denken, die Krone auf dem Kopf, das Zepter in der Hand und eine dementsprechende Aufmachung.

Ein Arbeiter im Hafen wird seine Tätigkeit nicht im Smoking verrichten. Ein Bundeskanzler mit Arbeitskleidung wie ein Bergmann untertage ist nur dann angebracht, wenn auf einem Wahlplakat »Arbeiter-Nähe« bewußt herausgestellt werden soll. Im Bundestag wird er einen Anzug tragen. Zum Zahnarzt gehört der weiße Kittel und der allwissende Blick in die Karteikarte. Der Architekt ist auf einem Bau der einzige, der nicht wie ein Bauarbeiter gekleidet ist.

Natürlich gibt es im täglichen Leben Menschen, die auffallen wollen. Auffallen und aus der Masse hervortreten kann man im ersten Augenblick durch die Kleidung. Und so gibt es verschiedene Figuren, die sehen auch im täglichen Leben aus wie ein Zirkus-Clown. Im Zirkus lacht man *über* ihn – ein Clown im täglichen Leben wird eher *aus*gelacht.

Wenn allerdings jemand mit dieser Aktion sein Selbstbewußtsein stärken und sich beweisen will, daß er die abfälligen Blicke der anderen erträgt, ist diese Methode schon wieder eine hervorragend geplante Aktion. Unsere äußere Schale ist zwar nicht unsere Gesamtpersönlichkeit, dennoch muß klar betont werden, daß der erste Eindruck immer aufgrund der persönlichen Erscheinung entsteht.

Wenn wir die gedankliche Vorbereitung für einen Film vergleichen mit unserem Leben, dann spielt die Garderobe ebenfalls eine wichtige Rolle.

Es geht nicht darum, möglichst von morgens bis abends wie ein feiner Pinkel herumzulaufen. Auch die etwas legere Kleidung muß nicht immer der letzte Schrei sein und sogenannte »Image-Krokodile« oder andere chiffrierte Preisschilder besitzen.

Es geht vielmehr darum, unsere äußere Erscheinung mit den Mitteln einer gepflegten Kleidung zu unterstreichen. Dazu gehört ebenfalls eine gepflegte Frisur und ein offener, klarer, optimistischer und zielbewußter Gesichtsausdruck. Nicht gekünstelt und einstudiert, sondern mit natürlichem Selbstbewußtsein. Es besteht die Möglichkeit, daß jemand aus unserem Gesicht etwas über unsere Einstellung zum Leben erfahren möchte.

Die Körperhaltung gehört ebenfalls dazu und zeigt dem anderen Menschen ganz klar, ob jemand ein Fragezeichen oder ein Ausrufezeichen in seinem Leben ist.

Wenn wir eine interessante Persönlichkeit darstellen und Kleidung, Haltung und Gesichtsausdruck dies dementsprechend ausstrahlen, ist jeder automatisch an uns interessiert und auf unsere Stimme gespannt.

Mit unserer Stimme geben wir unsere persönliche und individuelle Visitenkarte ab. Der Inhalt des Gesprochenen ist nur ein Baustein. Der Klang der Stimme schafft Vertrauen, weckt Offenheit, sagt etwas über den Kern unserer Persönlichkeit.

Wenn diese Elemente sich zusammenfügen und ergänzen, fühlen wir uns in unserer Haut auch zunehmend wohler. Machen Sie die Probe. Stellen Sie sich vor den Spiegel, und geben Sie sich konstruktive Ratschläge.

Was ist mit der Frisur? Wie wirkt der Blick? Sitzt die Brille schief, ist sie total verdreckt? Unterstreicht Ihr Mund Ihren freundlichen Gesichtsausdruck? Sitzen Hemd oder Bluse richtig? Wie sitzt Ihr Kopf auf den Schultern? Kippt er nach rechts, nach links, nach vorn, oder signalisieren Sie eine gerade Haltung, Aufrichtigkeit, Standfestigkeit und somit natürliche Pflege für Ihre Wirbelsäule?

Körperlicher und seelischer sowie gedanklicher Schmerz zeigt sich immer zuerst im Gesichtsausdruck. Und wenn Schmerz die Gedanken und Ihre äußere Erscheinung beeinflußt, dann bekommt der Gesprächspartner vielleicht den Eindruck, daß auch Ihre Handlungen verzerrt und nicht unbedingt von Erfolg gekrönt sind.

Angenehme Gedanken erzeugen oft ein leichtes Lächeln. Aber auch umgekehrt funktioniert es, und ein Lächeln kann angenehme Gedanken erzeugen. Mit einer geraden Körperhaltung formen Sie wechselwirkend ebenfalls Ihren Geist.

Darsteller. Hauptdarsteller oder Statist auf der Bühne des Lebens?

Da der Mensch ein Herdentier ist, ist dieser Punkt in jedem Film der wichtigste. Auf den ankündigenden Plakaten sind die Menschen abgebildet, die uns in einen Film locken und für eine Handlung begeistern.

Stars werden geboren und schlüpfen in die Rollen verschiedenster Charaktere. Nur wenige dürfen sich selbst spielen. Zum Beispiel Inge Meysel und Heinz Rühmann sowie der verstorbene Gert Fröbe beherrschen in ihren Filmen die einmalige Kunst, ihre Persönlichkeit in die Rolle miteinzubeziehen, die Darstellung mit ihrer eigenen individuellen Wesensart zu erfüllen.

Wenn Sie zu einem Laien-Darsteller sagen: »Sei einfach so, wie du immer bist. Spiel dich selbst, tue so, als wenn wir und die Kamera gar nicht da sind«, dann funktioniert es nicht. Er wird sich auf alles konzentrieren, was ihn ablenkt, ihn fast zur Verzweiflung bringt. Nicht selten haben Regisseure hier durch falsches Vorgehen bestimmten Menschen ihr geringes Selbstbewußtsein auch noch weggenommen.

Der Berufsstand des Schauspielers ist mit der interessanteste, aber auch der härteste, dem nur ganz wenige Persönlichkeiten wirklich gewachsen sind. Aber die Menschen stehen im Mittelpunkt.

So auch in unserem Leben. Es ist zwar ganz schön zu sehen und sich vorzustellen, wo wir sind, aber mit wem wir dort sprechen, umgehen, uns austauschen – das ist das, was in uns mehr Positives oder Negatives anrichtet. Wobei hier klar herausgestellt werden muß, daß unsere Empfindungen die für uns wichtigeren sind. Die Verängstigung, »was der wohl über mich denken mag...«, darf uns eigentlich nicht so wichtig sein wie unsere Meinung über uns selbst. Meine Gefühle sind für mich aktive Lebensumstände.

Wenn Sie jemanden lieben, ist dieses Gefühl so stark in Ihnen, daß Sie aus innerem Antrieb förmlich zu bestimmten Handlungen gezwungen werden. Vernunftsgemäßes Handeln ist teilweise kaum möglich. Ein Gefühl verselbständigt sich und wird zur Energie, die uns beherrscht und mit Glück erfüllt.

Aber auch Freundschaften und Verbindungen unter Menschen auf einer nicht ganz so intensiven Ebene geben uns ein angenehmes Empfinden sowie den Gefühlszustand einer gewissen Sicherheit.

Auf die Frage, »Was ist für Sie ein Freund?«, sagte Deutschlands erfolgreichster Optiker, Günther Fielmann: »Unendliche Sicherheit.«

Die Menschen, mit denen wir unseren Lebensweg gemeinsam gehen, sind für uns Eckpfeiler unserer Existenz. Sie sind die Darsteller neben uns auf der Bühne des Lebens. Und viele von Ihnen können wir engagieren, aber manche von Ihnen können wir auch meiden, wenn uns unsere innere Stimme dazu rät.

Suchen Sie sich also Ihren Umgang sorgfältig aus. Seien Sie verständnisvoll. Helfen Sie anderen, denn auch Sie werden sich freuen, wenn Ihnen in bestimmten Situationen jemand zur Seite steht. Bauen Sie Freundschaften auf, denn Freundschaften sind ein Stück Sicherheit – sie sollten es zumindest sein. Pflegen Sie Gemeinsamkeiten.

Wie beim Film gelingt nicht alles im Leben beim ersten Mal. Geben Sie Chancen zum Wiedergutmachen, zur Korrektur, zum Umdenken. Lernen Sie von Kindern. Kinder sind die einzigen Wesen, die kaum mitbestimmen können, wie die Welt gestaltet wird. Von ihnen sollten wir mit konzentrierter Wahrnehmung Ideen aufgreifen, die oft einfacher, aber wirkungsvoller sind, als wir es uns in unseren komplizierten Köpfen ausdenken können. Nicht alles, was Menschen mit Technik machen können, muß unbedingt gemacht werden.

Tauschen Sie sich auch mit Andersdenkenden aus, um die Schnittpunkte der verschiedenen Meinungen zu erkennen und Gemeinsamkeiten auszubauen. So manches Mal können dadurch interessante Gespräche entstehen mit zwar gegensätzlichen Ansichten, aber gemeinsamer respektvoller Gesprächsatmosphäre.

Freundschaften erschließen und auf Menschen zugehen ist unser innerster Wunsch für die Bewältigung der Einsamkeit. Wie viele Menschen sind zwar nicht allein, aber dennoch einsam. Natürlich müssen wir manchmal schweigen können, aber wir sollten auch zum richtigen Zeitpunkt das richtige Wort finden.

Drehorte. Hollywood ist überall

Ein Film, der neunzig Minuten in einem Kellerraum spielt, kann vielleicht einen interessanten Inhalt haben, aber optisch wird er nicht viel Abwechslung zeigen.

So ist es auch im Leben. Es gibt sicherlich Menschen, die überwiegend in einem Raum leben und diesen Raum nur verlassen zum Einkaufen, zum Essenkochen, WC-Besuch und zum Entgegennehmen von Post, wenn der Briefträger an der Tür klingelt.

Ich möchte vorschlagen, viele interessante Plätze aufzusuchen, die uns erfrischen, uns anregen und bleibende visuelle Abdrücke in unserem Unterbewußtsein hinterlassen. Eingespeicherte Naturerlebnisse können wir jederzeit wieder abrufen. Sie geben uns im Rückblick Freude und Vorfreude auf weitere Unternehmungen.

Wann haben Sie das letzte Mal an einem kleinen Bach gesessen und dem sprudelnden Wasser zugeschaut? Wie war es, als Sie sich das letzte Mal den Wald angeschaut haben und stundenlang durch die Natur gingen? Wann haben Sie das letzte Mal ein Reh im Wald gesehen und nicht im Fernsehen?

Ähnlich ist es mit den Sportveranstaltungen, die wir ja im Fernsehen viel bequemer und schon für uns inhaltlich und schwerpunktmäßig aufbereitet konsumieren können. Was ist mit kleinen Wegen zwischendurch? Der Spaziergang bei schönem Wetter durch Stadt und Land. Auch alte Häuser und historische Gebäude können uns verzaubern. Ein Spaziergang in einer solchen Gegend stimmt uns viel intensiver auf die alte Zeit ein.

Lassen Sie Ihrer Phantasie freien Lauf. Überall gibt es schöne Flecken, und es kostet kaum Geld sich dorthin zu begeben. Aber selbst, wenn es eine Eintrittskarte erfordert, kann es doch schön sein, sich für ein paar Mark eine bleibende Erinnerung zu verschaffen.

Weit vor unserer Zeit, als es noch keine Autos gab und der Mensch sich vielleicht auch noch seine Nahrung selbst erlegen mußte, waren Besuche in ferne Länder fast unmöglich. Hinzu kam, daß die Lebenserwartung des einzelnen ebenfalls wesentlich geringer war.

Heute, da wir in Stundenschnelle überall hinkönnen – per Flugzeug, per Bahn, per Schiff oder Auto – müssen viele Eltern vergeblich auf die Besuche ihrer Kinder warten. Sie haben keine Zeit, obwohl alles dafür getan wird, die Zeit zu überlisten, indem wir immer zeitsparendere Techniken entwickeln und einsetzen.

In einem Artikel des früher erschienenen »Positiv aktuell« habe ich über den 29. Februar geschrieben – einen Tag, der uns alle vier Jahre geschenkt wird und den wir vielleicht unter einem besonderen Aspekt betrachten können.

Ich habe verschiedene Wege aufgezeigt, diesen Tag zu einem »Freizeittag« zu machen, und habe angeregt, ihn zu genießen und die Erlebnisse zwecks Abdruck im nächsten »Positiv aktuell« an die Redaktion zu schicken.

Keine einzige Zuschrift erreichte mich. Bei knapp vierhundert Mitgliedern des Positiv e. V., der sich intensiv für die Verbreitung des positiven Denkens im deutschsprachigen Raum einsetzt und Gesprächsgruppen in vielen Regionen gründet, ist es doch verwunderlich, daß nicht eine einzige Zuschrift gekommen ist, aus der hervorgeht, daß dieser Tag in einmaliger Weise genutzt wurde zum Familientreffen, zum Ausflug, zum Nichtstun, zum Fasten, zur Besinnlichkeit, zum Lesen oder zum Schreiben eines einzigen Briefes an einen lieben Menschen oder an den Verein Positiv e.V.

Aber viele werden sich gefragt haben: Was soll ich schon mit einem einzigen Tag anfangen? Wenn ich morgens irgendwo hinfahre, muß ich abends wieder zurückfahren, und in der Zwischenzeit könnte es ja regnen – also, was soll das Ganze?

Leute, die so denken, vergessen, daß auch der Regen seine angenehmen und romantischen Seiten hat. Der Regen kann verbinden,wenn zwei Menschen Arm in Arm unter einem Schirm spazierengehen. Aber der Regen hat ja vorerst nur als negativer Gedanke im Kopf stattgefunden. Ob sich Sonne und Wolken darauf einlassen?

Disposition. Ein Jahr hat dreizehn Monate

Für den zeitlichen Ablauf einer Film- / Fernseh-Produktion gibt es den sogenannten Drehplan. Er gibt Auskunft darüber, wo welche Einstellungen an welchem Tage mit welchen Darstellern und Stabmitgliedern produziert werden. Der Drehplan ist die wichtigste Arbeitsgrundlage für die abwickelnde Tätigkeit des Produktionsleiters. Aus dem Drehbuch ergeben sich also Handlungen, die zu einem fertigen Film führen sollen. Und jeder einzelne Tag dorthin erhält seine eigene Disposition.

In unserem beruflichen und privaten Leben ist das mit Tagesplänen zu vergleichen, in die bestimmte Termine eingetragen werden. Es ist deutlich vermerkt, wann ich mich mit wem wo zu einem Gespräch treffe, wen ich wann anrufen möchte, oder wann ich bestimmte Pausen einlege.

In der Zeit der Zeitlosigkeit, in der Zeit Mangelware ist, ist es von besonderer Wichtigkeit, für die Abwicklung sämtlicher Vorgänge genügend Zeit einzuplanen. Erfahrungsgemäß verlängern sich bestimmte Aktivitäten und führen dann zu Hektik und Streß, weil der nächste Termin zu früh vereinbart wurde.

Planen Sie Ihren Tag großzügig. Arbeiten Sie allerdings zu den vorgegebenen Zeiten besonders konzentriert und effektiv. Benutzen Sie ein Zeitplanbuch als Instrument für erfolgreiches Zeitmanagement.

Da wir in einer Zeit und in einer Dimension leben, die uns vorschreibt, bestimmte Dinge nacheinander zu erledigen, sollten wir dieses Nacheinander auch einhalten.

Viele Menschen versuchen, bestimmte Aufgaben gleichzeitig zu bewältigen. Dies gelingt allerdings nur in Ausnahmefällen. Denn, wenn wir uns nicht hundertprozentig auf eine bestimmte Aufgabe konzentrieren, werden wir auch nicht das gewünschte Ergebnis erzielen.

Schulaufgaben gewissenhaft erledigen und gleichzeitig auf den jüngeren Bruder aufpassen, läßt sich nicht miteinander vereinbaren. Vokabeln einer fremden Sprache lernen und gleichzeitig Radio hören, um auf den Beginn einer Sendung zu warten, sollte ebenfalls vermieden werden.

Das vernünftige Rationalisieren der Zeit läßt sich auch auf anderem Wege gestalten. Der Tagesplan ist mehr als das Einteilen von Zeiteinheiten. Er gibt auch immer Aufschluß über die Prioritäten, die wir setzen oder die uns gesetzt werden. Von Termin zu Termin zu hetzen, hat nichts mit Fleiß oder viel Arbeit zu tun. Es beweist nur, daß jemand die Energie besitzt, viele Termine wahrzunehmen.

Es ist aber seit einigen Jahren »in«, keine Zeit zu haben. Wer Zeit hat, ist faul oder erfolglos, ungefragt und ohne eigene Initiative – »da kann irgend etwas nicht stimmen«.

Der Reiche, der genügend Geld besitzt und nicht arbeiten muß, wird geistig verkümmern, wenn er sich nicht sinnvolle Beschäftigung sucht. Wenn er das Vermögen durch eigene Arbeit aufgebaut hat, wird er um die Vorteile eines ausgefüllten Tagesablaufes wissen. Nur ein Dummkopf wünscht sich viele Millionen, um ab heute überhaupt nichts mehr tun zu müssen. Häufig erkranken Leute, da Ihnen eine sinnvolle Beschäftigung und eine Aufgabe fehlt, für die sie sich einsetzen können.

Die Zeit, der Tagesplan, die Disposition sind also nicht nur für den Ablauf einer Filmproduktion von Bedeutung, sondern auch für das Privat- und Berufsleben aller Menschen wichtig.

Wir kennen auch Begriffe wie »Zeit verschwenden« und »Zeit verschenken«. Zeit verschwenden kann in diesem Zusammenhang nur bedeuten, Zeit für die falschen oder negativen Gedanken und Ziele einzusetzen. Zeit verschenken kann man auch positiv deuten, indem ich z. B. meiner Mutter den Sperrmüll an die Straße stelle, ihr den Keller aufräume, meinem Sohn das Schwimmen oder Radfahren beibringe oder einem Blinden über die Straße helfe.

Alle freundlich und hilfsbereit gemeinten Aktionen kosten selbstverständlich auch ein Stückchen Zeit. Wenn ich allerdings eine halbe Stunde dafür arbeiten muß, einem lieben Menschen ein wertvolles Buch zu schenken, so kann ich mir vorher überlegen, ob ich nicht meine Zeit direkt als Geschenk anbiete und jemandem vielleicht mehr dadurch diene, ihm aktiv zuzuhören oder anderweitig behilflich zu sein.

Jeder ist also der Herr über seine Zeit. Und mit diesem kostbaren Gut sollten wir planvoll und großzügig immer dann umgehen, wenn wir Lebensfreude und glückliche Stunden einplanen.

Eine halbe Stunde früher aufstehen, im Verlauf des Tages eine Stunde Zeit für uns selbst und vielleicht abends eine halbe Stunde später zu Bett gehen, macht täglich zwei Stunden Zeitgewinn für uns und unser Lebensgefühl aus. Das sind im Jahr 730 Stunden – über dreißig Tage –, aber rund um die Uhr bewußt und wach erlebt. Ein ganzer Monat also, der uns zusätzlich pro Jahr Zeit zum Wachsen geschenkt wird. Dreißig volle nutzbare Tage zur Planung der restlichen zwölf Monate pro Jahr, für unsere Selbstentfaltung.

Sicherlich können Sie sich vorstellen, was das bedeutet und welche Fortschritte Sie im Hinblick auf die Verwirklichung Ihrer Ziele schon innerhalb des ersten Jahres erreichen können. Nutzen Sie also Ihre Zeit richtig. Setzen Sie sich Prioritäten. Sammeln Sie schöne Augenblicke, und verhelfen Sie sich und anderen zu viel mehr Lebensfreude und glücklichen Momenten mit aufbauenden Gedanken für die Zukunft.

Jeder will in seinem Leben eine gewisse Macht ausüben. Fangen wir doch bei uns selbst für uns und zum allgemeinen Wohl an. Der Eigenimpuls hat eine Dynamik, die wir in und für unsere Handlungen verstärken können.

Viele Leute leiden unter Antriebsschwäche. Sie suchen alle möglichen Entschuldigungen dafür, nicht handeln zu müssen. »Man weiß ja noch gar nicht, ob das überhaupt klappt oder wie dies oder jenes von anderen aufgenommen wird.«

Allein diese Verhaltensweise ist schon die Gefahr, zukünftig an den eigenen Zielverwirklichungen vorbeizuleben. Lieber einmal mehr gehandelt als eine echte Gelegenheit verpaßt. Und so ist es auch wichtig, wie wir uns anderen im Gespräch gegenüber verhalten. Gedanken in anderen erzeugen heißt, in ihnen Realitäten zu schaffen, die keine sind. Es bleiben subjektive Eindrücke, aber daraus kann Zeit zum Gestalten und Zeit zum Genießen werden.

Wie oft meinen wir, daß unsere bloße Anwesenheit für eine Verabredung nicht ausreicht. Wir würden doch nie auf die Idee kommen, zu einem Menschen zu sagen: »Ich möchte mich mit dir so gern unterhalten, laß uns das doch an der Kreuzung Hamburger Straße / Ecke Richardstraße an der linken Fußgängerampel tun.«

Wenn Sie sich zufällig mit dem Menschen dort träfen, würden Sie sicherlich dort auch ein kurzes Gespräch führen. Aber Ort und Zeit sind in diesem Vorschlag dermaßen unattraktiv, daß man Ihren Vorschlag wohl belächeln würde.

Sie werden also, wenn es Ihnen wichtig ist, mit dem Menschen zusammenzusein, ein Ereignis attraktiv darstellen, z. B.: »Ich war neulich bei dem Italiener in der Hamburger Straße und habe so gut wie selten gegessen. Darf ich dich einladen für morgen abend? Ich könnte gleich telefonisch einen Tisch reservieren.«

Auf einmal steht nicht mehr das Miteinander, das Zusammensein im Mittelpunkt, sondern ein betont gutes Essen in angenehmer Atmosphäre. Der Mensch steht nicht mehr in der vorderen Reihe.

Es gibt ein köstliches Beispiel aus der Filmbranche. Ein Kameramann hatte sich mit einem Regisseur gestritten. Sie schienen nicht in der Lage zu sein, miteinander darüber zu reden. Nach dem Abendessen ging der Kameramann auf die Hotel-Toilette hinter dem Restaurant. Der Regisseur, der das nicht verfolgt hatte, ging ebenfalls, um sich zu erleichtern. Und wie Gott es gewollt hat, standen die beiden im dafür vorgesehenen Raum nebeneinander.

Die Ironie und Situationskomik des Augenblicks ließ das Schweigen der beiden nicht länger zu. Der eine sagte: »Nun mach schon, sonst kann ich nicht.« Der andere erwiderte: »Du willst doch sonst immer der erste sein, aber nicht mal auf dem Klo kannst du das!« Beide fingen an zu lachen und brachen dann in ein entkrampfendes Gelächter aus.

Diese Situation wäre nie entstanden, wenn der eine den anderen um ein Gespräch im WC-Raum gebeten hätte. Unbewußt hatten aber beide intuitiv im selben Augenblick das Gefühl, dort hingehen zu müssen. In den nächsten Drehtagen war das Problem nicht mehr störend. Sie waren wieder auf einer Wellenlänge und in der Lage, konstruktiv und kreativ miteinander umzugehen.

Selbstverteidigung durch die richtigen Gedanken - ein sicherlich für viele provozierender Satz, der aber in seiner Konsequenz positive Auswirkungen auf die zwischenmenschlichen Beziehungen hat.

Wenn mir einer sagt: »Du Idiot!«, dann liegt es ja an mir, ob ich diese Herabsetzung annehme oder sie sogar mit: »Du Affe!« kommentiere. Wenn das geschieht, habe ich nicht nur die Beschimpfung des anderen angenommen und bestätigt, sondern sogar in Windeseile meine Meinung über ihn geändert. Denn die Aussage eines einzigen Wortes kann doch nicht dermaßen verheerende Folgen anrichten.

Auch »Idiot!« ist im täglichen Leben als Regieanweisung gemeint: Sei ein Idiot, verhalte dich so, du bist ein Idiot, weil ich es denke und will, daß es so ist. Auch wenn der beschimpfte oder negativ angesprochene Mensch tausendmal wie ein Idiot reagiert hat: Er wird niemals sagen: »Ja, da hast du recht. Ich bin die letzte Pfeife, und ich danke dir dafür, daß du mir endlich die Augen geöffnet hast.«

Also, wozu das Ganze? Wenn wir durch negative Kritik das Negative im anderen schüren und mit negativer Energie versorgen, dann tun wir doch genau das Gegenteil von dem, was wir erreichen möchten. Die Lösung liegt in der Konzentration auf die positiven Eigenschaften, die wir vorfinden. Wir sollten also nicht an das denken, was uns als Problem erscheint, sondern an das, was wir vermehren wollen, was wir für unser Leben positiv einsetzen möchten, das sollten wir durch Ausnutzung der Gedankenkraft und Umsetzung in Taten fördern.

Das, was wir nicht haben wollen, vemehren wir durch darauf gerichtete Gedanken. Alles, was wir denken, vermehrt sich. Also weg von negativer Kritik und hin zur Motivation. Die Dinge, die wir lobend erwähnen, werden sich vermehren.

Wenn wir einen Satz zu einem Mitmenschen sagen, und er lächelt, dann ist es, wenn die Reaktion ehrlich und natürlich ist, ein Satz, den er annimmt und in seiner Konsequenz vom Inhalt vervielfältigen wird. Durch negative Kritik werden wir also niemanden verändern und auch nicht uns selbst.

Zurück zum Film unseres Lebens. Hinein in die realisierte Gedankenwelt, die wir mit guten Vorsätzen, konstruktiven Inhalten, Humor und zwischenmenschlichen Ansprüchen erleben wollen. Mit Freude leben heißt das Motto.

Das eigene Schicksal zum Guten beeinflussen und sein Leben zu einem Fest zu machen, das ist nicht nur ein zu erreichendes Ziel, sondern auch eine Verpflichtung, dafür die eigenen Energien einzusetzen.

Es fängt an mit einem einfachen Gedanken, zum Beispiel jetzt, in diesem Augenblick spazierenzugehen und geradeaus zu denken. Die nachfolgende kleine Geschichte soll Ihnen verdeutlichen, wie schwer es oft sein kann, sich auf ganz einfache Dinge im täglichen Leben zu konzentrieren. Aber welche Freude es auch machen kann, sie zu lösen.

Ein Mann geht geradeaus

Viele Dinge schleichen ihren Zielen auf Umwegen entgegen, und so werden oft einfache Gedankengänge zu komplizierten Verstrickungen. Nicht selten läßt man sich dann durch Nebensächlichkeiten vom eigentlichen Vorhaben ablenken.

Ich hätte Lust, einen kleinen Spaziergang zu machen. Ohne Umwege. Sofort meldet sich ein Überlagerungspaket von Parallelgedanken: Ich darf den Hausschlüssel nicht vergessen. Wie ist das Wetter? Schnell den Anrufbeantworter einschalten, die richtigen Schuhe anziehen, Haare kämmen und intensiv überlegen, ob ich auch wirklich nichts vergessen habe...

Ist dies nicht ein erbärmlicher Zustand? Ich möchte so gern spazierengehen und lasse es zu, daß mich tausend andere Dinge von der Vorfreude auf Wind, Vögel und Grasgrün abzuhalten versuchen.

Dagegen muß ich etwas tun! Also wende ich meinen Blick zum Ausgang und gebe meinen Füßen Befehl, sich auf dem schnellsten Wege dorthin zu bewegen. Ein Blickversuch nach links oder rechts interessiert mich jetzt nicht. Meine rechte Hand öffnet die Tür, mein Puls rüttelt alles in mir wach. Was ist nur mit mir los? Ich tue doch nichts Verbotenes! Komisch, daß mir eine kleine normale und alltägliche Sache wie spazierengehen wildes Kopfzerbrechen bereitet. Dann aber setzt sich mein Arm durch und schließt von außen die Tür.

Geschafft. Ich bin im Freien. Habe ich den Herd ausgemacht und... Nein! Weg mit euch Verunsicherern! Kein einziger Gedanke soll mich ablenken. Keine Erinnerung die Gegenwart auch nur sekundenweise überlagern. Gerade denken, gerade gehen. Diese Wortkombination sehe ich vor mir. Aber mein gerader Blick zeigt mir auf der anderen Straßenseite ein Einfamilienhaus. Mit Garten, Zaun und die Straße, die ich überqueren muß. Kein Geräusch eines Kraftfahrzeuges stört meinen festen Willen, jetzt gleich loszugehen. Meine Füße scheinen schneller als mein Geist zu lernen, sie setzen Schritt vor Schritt. Und so sanft, daß der Boden sich nicht getreten oder mit Füßen gestoßen fühlt.

Ich weiß nicht, was mich auf meinem Spaziergang erwartet, da ich einzig und allein meinen Wunsch, spontan und direkt zu handeln, als Selbsterfahrungselement umsetze. Es ist allerdings angenehm, zu wissen, daß ich von hinten komme und nach vorn weitergehen werde.

Herrlich, dieser Vorgarten mit seinen vielen Farben. So schön wie heute sah er noch nie aus – oder ich habe ihn mir noch nie genau angesehen? Nur, wenn ich weiter geradeaus gehen will, muß ich ja durch das Haus hindurch.

Und schon erlebe ich, wie meine Füße über den Jägerzaun springen und ich vor der Haustür stehe. Ich halte die Klinke einer sonst überwiegend aus Holz bestehenen Tür fest. Etwas in mir zwingt mich förmlich, geradeaus zu gehen. Mitten hinein in mein Schicksal für den heutigen Tag. Mitten hinein in das Leben mit seinem prickelnden Gefühl von Erwartung und Geschehen.

Viele sind ja . . . , die meisten denken . . . , einige tun sogar . . . , es soll welche geben, die . . . – dies liegt alles hinter mir.

Sie haben es gewußt? Schön. Das ermutigt mich zu klingeln, um mir die Tür dieses Hauses öffnen zu lassen. War es bei mir am Ausgang die Lösungsangst, so ist es hier die Unsicherheit vor der Annäherung. Aber meine Augen zeigen mir die Richtung. Sie haben noch nie so klar durch Milchglas geradeaus gesehen.

Und dann wieder die negativen Gedanken: Vielleicht ist niemand zu Hause. Ich kann doch nicht einfach durch die Tür schreiten. Mein ehrliches Vorhaben möchte mich nicht schon so schnell zum Rückzug zwingen und sendet mir nun endlich jemanden, der die Tür zu Erweiterung meines geradlinigen Blickes öffnet.

Eine ältere Dame mit hochgesteckten Haaren, Küchenschürze und neugierigen Augen stellt mir die Frage nach meinem Anliegen. Zeit für große Erklärungen habe ich nicht. Und so gebe ich ihr zu verstehen, daß ich mich auf möglichst direktem Weg durch ihr Haus begeben möchte. Ich komme also, um zu gehen, und will sie nicht belästigen.

Sie versucht, eine Begründung für mein Vorhaben zu erfahren und will sogar wissen, wo ich herkomme. »Ich komme von hinten und hoffe, weiter nach vorne zu dürfen. Zu Fuß, praktisch als Durchreisender einer Transitstrecke. Von Mensch zu Mensch selbstverständlich – ohne überflüssigen Papierkrieg.«

Es ist schwer, jemandem die einfachste Sache der Welt zu erklären. Dann beschreibt sie mir die ganze Umgebung. Reizvolle Wanderwege werden träumerisch geschildert. Persönliche Erlebnisse als Beiwerk bunt ausgeschmückt. Es macht mir Spaß, der netten Frau zuzuhören, dennoch steht sie mir bei meinem geplanten Spaziergang im Wege – zwischen mir und geradeaus.

Eine weiche Sehnsucht läßt meinen Blick hinter sie gleiten, und was sehe ich? Der Flur mündet in ein helles Zimmer mit einer zum Garten geöffneten Terrassentür. Zehn Meter lang ist die Brücke von hier nach dort. Vom Traum, vom Wunsch zur Wirklichkeit.

Durch den entstehenden Luftzug droht die Terrassentür zuzuschlagen. Die Dame ruft erschrocken: »Schnell, es zieht. Rein oder raus?« »Raus!« sage ich, »aber dahinten«, und deute mit gestrecktem Zeigefinger geradeaus.

Dieser kleine Zufall war sehr wichtig. Und auf einmal läuft es wie am Schnürchen. Sie deutet an, im Wohnzimmerschrank eine Wanderkarte zu wissen, die mich zu schöneren Wegen führen wird. Ich folge ihr und stelle fest, daß ich mich an die neue Situation gewöhnt habe. Ich nehme die Einrichtung des Zimmers nicht wahr. Mein Blick zwinkert dem Garten zu, und schon stehe ich auf der Terrasse und atme erleichtert auf mit einem Anflug von Selbstbewußtsein durch das Erfolgserlebnis.

Es zieht mich weiter. Ich wende einen kleinen Trick an, um

mein unverfälschtes Geradeaus zu erhalten, und sage: »Die Blumen dort am Ende Ihres Grundstückes sind Augenblumen.« »Augenblumen, so was gibt's doch gar nicht. Welche meinen Sie denn?« »Ich zeig' Sie Ihnen. Ich nenne sie immer Augenblumen, weil sie mich an die Augen meiner Frau erinnern.«

Auf dem Weg über das Grundstück kommen mir Gedanken in den Sinn: Werde ich den Rückweg ebenfalls geradeaus gestalten? Den Rückzug als vorwärts deklarieren? Ich praktiziere diese Gangart schließlich zum ersten Mal und muß doch die Gelegenheit bekommen, meine eigenen Erfahrungen zu sammeln. Eins nach dem anderen...

Wie bringe ich dieser Frau nur bei, daß ich über ihren Zaun klettern möchte? Mich ärgert allein schon der Gedanke, eine Erklärung dafür abgeben zu müssen. Ich will das nicht. Ich werde am besten mein Vorhaben gleich in die Tat umsetzen. Vor ein paar Tagen hätte ich ihr bestimmt noch vorgesponnen, es würde mich an meine Kindheit erinnern. Sie solle mich doch ein bißchen klettern lassen. Das möchte ich aber heute nicht mehr. Sie ist wirklich nett, die Dame. Sie hat ein offenes Wort verdient. Es geht ja ganz schnell und tut überhaupt nicht weh. Kann ich sie auch dafür gewinnen, daß ich auf dem Rückweg ebenfalls durch ihr Haus gehen darf?

Für den Fall müßte sie die Terrassentür offenstehen lassen. Vorn könnte ich allein hinaus und würde nach dem Überqueren der Straße wieder vor meiner Haustür stehen. Vor meiner eigenen Tür. Ich bin gespannt, wer mir dann dort aufmacht. Hoffentlich macht überhaupt einer auf. Ich habe nämlich den Hausschlüssel vergessen.

Ja, die lieben Gedanken, die uns als Anschluß-Ideen und parallel-geistige Werke in den Sinn kommen! Diese kleine Erzählung verdeutlicht, wie schwer es ist, einen einzigen Gedanken wirklich konsequent zu Ende zu denken und in die Tat umzusetzen.

Und so ist es auch im Gespräch mit verschiedenen Menschen. Was ich denke und was der andere denkt, muß erst einmal neutralisiert und somit Gesprächsbereitschaft und Offenheit erzeugt werden.

Der Dialog von Herrn Schneider und Herrn Mewes soll Ihnen verdeutlichen, wie schwer das manchmal sein kann.

Zur Sache kommen…

Es klingelt an der Tür, wie schon oft. Herr Schneider geht von der Stube in die Küche, um ein paar Gläser dort abzustellen. Auf dem Flur ruft er:

»Einen Augenblick!«

der Tür entgegen, damit der Mensch draußen Bescheid weiß, daß jemand zu Hause ist. Endlich die Hände frei, öffnet Herr Schneider.

Herr Schneider:
»Ja bitte?«
Herr Mewes:
»Ich wußte, daß Sie die Tür öffnen würden.«
Herr Schneider:
»Ja, wer sind Sie denn?«
Herr Mewes:
»Habe ich sehr lange geklingelt oder war es normal? Ich drücke immer zweimal hintereinander auf den Knopf, wissen Sie, das ist so eine Angewohnheit von mir. Als ich noch Kind war, wußte meine Mutter dann Bescheid, daß ich es war.«

Herr Schneider:
»Wollen Sie nicht endlich zur Sache kommen?«
Herr Mewes:
»Was erwarten Sie denn von mir, soll ich Ihnen ein Fernschreiben übergeben oder Sie als Vertreter einer Staubsauger-Firma über den neuesten Typ informieren?«
Herr Schneider:
»Ich hab' einen guten Staubsauger. Zum letzten Mal, kommen Sie jetzt zur Sache! Was wollen Sie hier?«
Herr Mewes:
»Ich will gar nichts. Sie wollen von mir, daß ich etwas will. Was soll ich den wollen?«
Herr Schneider:
»Das weiß ich doch nicht. Das ist doch Ihr Problem.«
Herr Mewes:
»Das sagen Sie so einfach. Sie haben doch die Tür geöffnet und gleich gefragt, was ich will. So schnell würde Ihnen auch nichts einfallen. Ich bin nicht einer von denen, die immer etwas wollen. Die Sie betrügen und Unterschriften verlangen, um Ihnen Geld abzunehmen.«

Herr Schneider knallt die Tür zu. Er hat für diese Art Scherz in diesem Augenblick nicht die rechten Nerven und keine Lust, sich auf dieses Gespräch einzulassen. Herr Mewes ist ein alter Freund von ihm, der – da er von Herrn Schneider nicht erkannt wird – die Gelegenheit zu einem Scherz nutzt. Allerdings hat er nicht damit gerechnet, daß Herr Schneider sich nicht darauf einläßt. Irgendwann ist es zu spät zur Rückkehr, und Herr Mewes will sich lieber nicht zu erkennen geben und bleibt bei seiner Geschichte. Er wird entweder gar nicht oder einige Tage später noch mal versuchen, mit Herrn Schneider in Kontakt zu kommen.

Hier ist also wieder die Macht der Laune und des richtigen Augenblicks ein wichtiger Aspekt.

Warum verstecken so viele Menschen ihre Sehnsüchte und Gefühle? Sagen Sie doch das, was Sie denken – auch wenn es anderen nicht paßt. Denn unausgesprochene Gedanken realisieren sich eines Tages sowieso. Nur dann sind die Enttäuschungen um vieles größer. Der andere fühlt sich hinters Licht geführt und über einen langen Zeitraum belogen.

Sagen Sie den Menschen, die Sie mögen, daß es so ist, und gehen Sie spontan auf sie zu. Die, die Sie nicht mögen, werden dies von selbst merken, weil Sie sich auf die anderen konzentrieren.

Das Leben genießen

Das Leben in vollen Zügen genießen hat nichts mit kräftigen Lungenzügen aus einer Zigarette oder überfüllten Bahnabteilen zu tun. Hiermit ist etwas anderes gemeint.

Atem bedeutet Leben, bedeutet Rhythmus. Wenn unser polares Bewußtsein jeden Rhythmus und jedes Leben in einen nacheinander erlebten zeitlichen Ablauf subjektiviert, so hat für uns die Lebenszeit auch verschiedene Qualitäten. Eine Länge von fünfundsiebzig Jahren verläuft nicht im Sekundentakt, sondern im Wechsel von verschiedenen Zeitqualitäten.

So erscheinen uns unangenehme Situationen oder Wartezeiten wesentlich länger als glückliche Augenblicke, die ja immer so schnell vorbei sind. Das Wichtigste in unseren zeitlichen Abläufen ist also die Erkenntnis, daß Zeit nicht nur eine meßbare Länge hat, sondern auch verschiedene Qualitäten als Herausforderung für die Gestaltung des eigenen Lebens möglich macht.

Folgendes Beispiel spürt die kreativen Möglichkeiten auf, die uns für alltägliche Gedankenüberlagerungen zur Verfügung stehen. Zuerst die Problemstellung, danach eine von vielen Lösungsvarianten. Es ist ein Seminar-Baustein, mit den Gedanken und Erlebnissen vernünftig umzugehen.

Völlig gestreßt und gedanklich problembeladen fahre ich meinen Wagen in die Garage. Beim Aussteigen stoße ich mit der Tür gegen die Garagenwand. Der Schlüssel fällt mir auf den Boden. Mir wird bewußt:

»Ach du meine Güte, jetzt habe ich den Projektordner im Büro liegengelassen.«

Ich schließe die Tür, finde nicht sofort das Schloß, um den Wagen zu verschließen, stelle ungeduldig den Koffer ab, nehme den Schlüssel in die rechte Hand und suche mit dem linken Daumen das Schloß. Dann endlich finde ich, was ich suche, verrichte die Tätigkeit und begebe mich nach draußen. Beim Hinunterlassen des Garagentores:

Ich schimpfe vor mich hin: »Dieses Gequietsche ist ja nicht auszuhalten, aber wann soll ich mich denn mit etwas beschäftigen? Dazu habe ich ja nun wirklich keine Zeit.«

Ich gehe ungefähr dreißig Schritte zu unserer Haustür und erlebe gedanklich den Druck des Tages noch einmal. Terminänderungen durch Krankheit des Hauptdarstellers, die unverschämte Reaktion der Versicherung, der enttäuschte Anruf meiner Frau, daß ich am Wochenende arbeiten muß, der Stau auf der Autobahn.

Ich schließe die Haustür auf und gehe in den Flur, um

Mantel und Schuhe auszuziehen. Meine Frau kommt mir entgegen und sagt:

»So, jetzt bist du dran. Du kommst gerade noch rechtzeitig.«
Ich erwidere:
»Wie meinst du das, ich bin dran?«
Meine Frau:
»Na, mit dem Geschichten erzählen. Er liegt schon im Bett und wartet auf dich.«

Ich gehe ins Kinderzimmer und trete an das Bett meines Sohnes:

»Na, mein Schatz, wie geht's dir. Hattest du einen schönen Tag?«
Mein Sohn:
»Papa, erzählst du mir eine Geschichte?
Ich:
»Ach weißt du, ich glaub' mir fällt jetzt keine ein. Ich habe so einen anstrengenden Tag hinter mir und weiß wirklich nicht, was ich dir erzählen soll.«
Mein Sohn:
»Na irgendeine Geschichte – von He-Man oder von einem Zauberer.«
Ich:
»Ich hab' jetzt nicht den Nerv,

mir was auszudenken. Ich kann selbst einen Zauberer gebrauchen, der mir bei meinen Problemen hilft.«

Ich streiche meinem Sohn über das Haar. Er wehrt ab und sagt:

»Dann geh, und laß mich in Ruhe. Ich will nie wieder von dir eine Geschichte hören!«

Betrübt trotte ich aus dem Kinderzimmer, knipse das Licht aus und rufe in das Dunkel hinein:

»Gute Nacht, mein Spatz, schlaf gut. Bis morgen.«

Ich gehe die Treppe hoch und sehe meine Frau stumm am Tisch sitzen. Ich setze mich dazu und sage:

»Na, wie geht's?«
Sie:
»Du kannst Fragen stellen! Wie soll's mir schon gehen...«

Dieser Mann trägt also seine Probleme, die er im Kopf hat, nicht nur den ganzen Tag mit sich herum, sondern vergiftet sich auch noch die Freizeit.

Natürlich ist es am Anfang schwer, sich von dem zu trennen, was einen doch vordergründig als wichtiges Problem erscheint. Dennoch müssen wir erkennen, daß wir durch innere Folter keinen Schritt auf die Lösung und Veränderung zugehen.

So ist der erste wichtige Schritt eine Reinigung des Geistes von Problem-Dämonen, die kein Recht haben, uns zu verunsichern, uns krank zu machen, auf unsere lieben Mitmenschen und unsere Nächsten einzuschlagen.

Der nächste Schritt im Seminar war, die Lösung zu erarbeiten und ebenfalls möglichst optimal in Drehbuchform aufzuschreiben. Dieselbe Situation, nur diesmal unter positiven Vorzeichen, als Mensch mit freiem Denken und Handeln.

Nachfolgende Ausführungen sind als Lösung von mir in der eigenen Familie erfolgreich eingesetzt worden. Es macht einfach Spaß, ideenreich zu sein und zu reagieren. Mit einem Muffelgesicht erreichen wir nichts außer einer energetischen Negativpolung, die von Zeit zu Zeit nach explosiver Entladung schreit.

Ich fahre meinen Wagen abends nach einem arbeitsreichen und schwierigen Tag in die Garage. Ich bleibe fünfzehn Sekunden am Steuer sitzen, atme tief durch und sage:	
	»So, das war der heutige Tag. Er war schwierig, aber morgen werde ich zielstrebig die Lösungen entwickeln und durchsetzen.«
Ich atme kräftig aus und steige aus dem Wagen. Mir fällt ein:	
	»Ach, jetzt habe ich den Ordner im Büro liegengelassen... Na, macht nichts. Wenigstens am Abend sollte ich doch die Möglichkeit haben, an etwas anderes als das Geschäft zu denken.«
Ich schließe das Garagentor.	
	»Ein fürchterliches Gequietsche. Am besten werde ich nachher, wenn ich den Müll rausbringe, ein paar Tropfen

Öl an das Scharnier schmieren.«

Ich gehe, während ich tiefe Atemzüge mache, zur Haustür und freue mich schon auf Frau und Kind. Ich ziehe mir den Mantel aus und stelle die Schuhe in den Schrank. Meine Frau kommt mir entgegen und sagt:

»So, nun bist du dran.«
Ich:
»Ach liegt er schon im Bett? Schade, ich hätte noch so gern einen Augenblick mit ihm gespielt.«
Meine Frau:
»Ja, es ist ja wieder so spät geworden bei dir, und wir müssen morgen früh raus.«

Ich gehe ins Kinderzimmer und strahle meinen Sohn an.

Ich:
»Na, mein Kleiner, wie war's denn heute. Hast du viel Spaß gehabt?«
Mein Sohn:
»Ja, Papi, aber nun sollst du mir eine Geschichte erzählen.«
Ich:
»Oh, mir fällt heute, glaube ich, keine ein. Was machen wir denn da?«
Mein Sohn:

»Doch, du mußt mir aber eine erzählen. Vielleicht von He-Man oder irgendeinem Drachen.«

Ich:

»Nein, mir fällt heute wirklich keine ein. Aber ich versuche einfach mal folgendes:
Eines Tages fiel dem Vater keine Geschichte ein, und er sagte: Mein kleiner Junge, heute ist der Tag gekommen, an dem mir keine Geschichte einfällt, und ich muß den Geschichtenerzähler anrufen.«

Ich nehme einen imaginären Telefonhörer in die Hand und bewege die Finger, als würde ich die Wählscheibe eines Telefonapparates bedienen.

Ich:

»Ja, guten Tag. Ist dort der Geschichtenerzähler? Sehr gut. Haben Sie Zeit, jetzt zu mir und meinem Sohn zu kommen? Ja, das ist gut. Kommen Sie bitte in den Waldweg Nummer 27.«

Dann lege ich den imaginären Hörer auf die Gabel und sage zu meinem Sohn:

»Ja, es hat geklappt. Er kommt.«

Ich klopfe mit dem Mittelfingerknöchel an das Holzbett und sage:

»Das wird er schon sein.«

Ich wende mich zur Kinderzimmertür und rufe:

»Kommen Sie herein, wenn Sie der Geschichtenerzähler sind.«

Ich gehe auf die Tür zu, öffne sie und schlüpfe in die Rolle des Geschichtenerzählers.

Der Geschichtenerzähler (stark akzentuiert und artikulierend):
»Ich bin der Geschichtenerzähler und freue mich immer, wenn ich zu den Kindern gerufen werde, um eine ganz besonders spannende Geschichte zu erzählen.«

Ich wende mich zu meinem Sohn als Vater und sage:

»Ich gehe dann ins Wohnzimmer und komme wieder, wenn der Geschichtenerzähler zu Ende erzählt hat.«

Das freudestrahlende Gesicht meines Sohnes.

»Ja Papi, bis nachher.«

Ich schlüpfe per Körperhaltung und Gestik wieder in die Rolle des Geschichtenerzählers und bewege mich in großen, umständlichen Schritten an das Kinderbett.

Der Geschichtenerzähler:
»Heute, da ich zum ersten Mal

bei dir bin, werde ich dir eine ganz besonders spannende Geschichte erzählen, die ich noch keinem anderen Kind erzählt habe. Es ist die Geschichte vom Häschen. Willst du die hören?«

Das entsetzte Gesicht meines Sohnes.

Mein Sohn:
»Nein!!!«

Das erschrockene Gesicht des Geschichtenerzählers.

Der Geschichtenerzähler:
»Das hat mir noch nie ein Kind gesagt. Alle Kinder freuen sich doch über meine Geschichten. Das gibt es doch wohl gar nicht. Das darf doch nicht wahr sein! Ich erzähle sie einfach trotzdem: Es war einmal...«

Schadenfrohes Gesicht meines Sohnes.

Mein Sohn:
»Es war einmal...«
(Er imitiert mich).

Das Gesicht des Geschichtenerzählers wird düster. Er fühlt sich in seiner Autorität und Rolle sehr wackelig.

Der Geschichtenerzähler:
»... ein Häschen.«

Schadenfrohes Gesicht meines Sohnes.

Mein Sohn:
»... ein Häschen!!!«

Wieder das fast entstellte Gesicht des Geschichtenerzählers, der völlig irritiert ist.

Der Geschichtenerzähler:
»Das gibt es doch gar nicht. Das Kind plappert ja alles nach.«

Schadenfrohes Gesicht meines Sohnes.

Mein Sohn:
»... das gibt es doch gar nicht, daß Kind plappert ja alles nach.«

Der Geschichtenerzähler gibt auf, dreht sich im Kreis und hüpft in kleinen Sprüngen zur Kinderzimmertür. Dreht sich zum Bett und sagt:

»Das habe ich noch nie erlebt. Alle Kinder freuen sich über meine Geschichten. Nur du willst sie nicht hören. Das kann ich gar nicht verstehen.«

Mein Sohn kann vor Lachen kaum noch sprechen. Er richtet sich auf und ruft:

»Papi, Papi, jetzt kannst du wieder kommen.«

Meine Mimik ist jetzt wieder die des Vaters, und ich gehe mit gespanntem Gesicht auf das Bett zu und frage meinen Sohn:

»Na, hat er eine schöne Geschichte erzählt, der Geschichtenerzähler?«
Mein Sohn:
»Nein, ich hab' gar nicht zugehört. Der hat so komisch gesprochen. Da mußte ich immer nur lachen. Aber noch mal. Bitte, das ganze noch mal.«

Genau genommen kam es nicht dazu, daß der Vater eine Geschichte erzählt hat, und dennoch war diese Geschichte so wertvoll und effektvoll wie kaum eine andere.

Hier war nicht nur ein Inhalt transportiert worden, sondern die Situation hatte schon Ähnlichkeit mit einer Theateraufführung. Es hatte was von »Leben nach Regie«, und die Aufforderung des Kindes nach der Wiederholung (insgesamt achtmal an diesem Abend) beweist den Spaß, der darin versteckt sein kann und entdeckt werden will.

Diese, wie ich finde, recht niedliche Geschichte hat ja einen ernsten Hintergrund. So müssen wir wohl endlich akzeptieren lernen, daß wir allein sind. Wir versuchen uns durch die Illusion der Nähe zu anderen von dieser Tatsache abzulenken.

Wir lassen uns Geschichten erzählen, lassen von außen Dinge an uns herantragen. Fernsehen, Rundfunk, Theater, Kino, Kneipe usw. sollen uns von den eigenen Gedanken ablenken.

Vermutlich sind die eigenen geistigen Aktivitäten in dauerhafter Konzentration kaum zu ertragen. Und den Geschichtenerzähler gibt es deswegen nicht mehr, weil es einfacher ist, das Fernsehgerät einzuschalten und auf Knopfdruck oder per Umschaltung auf ein anderes Programm mit neuer Berieselung die eigene Gedankenwelt zu überlagern. Dem Geschichtenerzähler müßte man wieder irgendwelche Geschichten erzählen, warum er nicht weitererzählen soll.

Da sind wir wieder bei der Notlüge, oft die einzige Form des Ideenreichtums, angekommen, wenn wir sagen, wir müssen noch irgendwo hin oder die Kinder müssen noch Schularbeiten machen, obwohl sie gar keine aufhaben.

An diesem Beispiel erkennen wir doch auch die Macht unserer eigenen Gedanken. Wenn jemand einen Selbstmord begeht, dann ist das nicht die Verselbständigung einer Hand, die zur Waffe greift und den armen Menschen erschießt, sondern es sind die eigenen Gedanken, die ihn in eine Verwirrung von Angst und Gewalt gegen die eigene Person treiben.

Niemand, auch wir selbst nicht, können von uns ein Leben ohne Probleme erwarten. Im Gegenteil. Probleme sind die wichtigsten Wegweiser für unsere eigene Entwicklung. Und so verstehen wir den Ausdruck des Reinhaltens von Geist und Seele nicht als Abriegelung gegen Probleme und Schwierigkeiten, sondern als Klärung sowie Bewältigung derselben.

Niemand fegt einen Raum sauber, während er zur Decke schaut. Wir orientieren uns an dem Dreck auf dem Boden und kehren ihn sorgsam zusammen. Und so kann es auch jeder mit seinen Gedanken machen.

Dazu gehört aber eine Portion guter Wille, eine Prise Liebe für sich und andere sowie der Wunsch, die eigene Person neu zu entdecken und ihr die Chance zum Lernen zu geben.

Nikolaus Enkelmann stellte in einem Vortrag die Frage: »Vor wem fliehen wir, wenn nicht vor unseren eigenen Gedanken? Wer hat uns so klein gemacht wie Zwerge in der Grube? Sind wir es selbst? Sind wir selbst das Problem?«

Etwas Besseres kann uns nicht passieren, als das Problem der eigenen Persönlichkeit in eine Lösung zu verwandeln. So theoretisch dies auch klingen mag, es beginnt mit der Kontrolle der eigenen Gedanken. Sie müssen kein Schriftsteller sein, um das, was Sie denken, aufzuschreiben. Tun Sie es. Notieren Sie Ihre Gedanken, die positiven und die negativen, und spielen Sie mit ihnen. Lernen Sie sie kennen, und vergleichen Sie die Tendenzen mit Ihrer täglichen Erfahrung.

Sie werden sich wundern, welch wunderbares inneres Gefühl in Ihnen hochsteigt, wenn Sie spüren, daß Sie sich besser kennenlernen und somit auch sich selbst gegenüber ein zuverlässiger Partner sind.

Ob ein Krieg im Namen des Guten oder des Bösen geführt wird, es bleibt ein Krieg und die Unfähigkeit der Menschheit, die Einheit herzustellen. Und Kampf ist Energieverschwendung. Das Messen der Kräfte läßt sich auch in sportlichen Disziplinen durchführen, denn dadurch betonen wir die Individualität der Menschen.

Wenn ein Volk gegen ein anderes Volk antritt, gibt es nur pauschale Ergebnisse, und schon hat ein ganzes Volk verloren, obwohl doch nur wenige an der Front gekämpft haben, obwohl doch so viele den Kampf als sinnlos erachten und viel lieber in das Land des Gegners gereist wären, um Gemeinsamkeiten zu erschließen. Lassen wir Krieg in unseren Köpfen zu, wird er sich immer materialisieren – ob per Atombombe oder Steinwurf.

Überforderung, private oder berufliche Belastungen sind Wegweiser und müssen, was Denken und Handeln angeht, in richtige Bahnen gelenkt werden. Möglichst so, daß die Energie der persönlichen Ausstrahlung zugute kommt und viele Zeitelemente höchster Qualität erlebt werden können.

Viele Menschen können sich gar nicht vorstellen, wieviel Zeit sie zur Verfügung haben, die aber überwiegend nutzlos vertan wird. Verschwendete Zeit heißt, nicht gelebte Augenblicke, die auch keine bildhafte Erinnerung als Spur in unserer Persönlichkeit hinterlassen, sondern nur ein dumpfes Gefühl von Mißerfolg.

Wenn ich einen Waldspaziergang machen möchte und anschließend in einem Café eine Tasse Kaffee und ein Stück Kuchen verzehren möchte, brauche ich doch keinen Rucksack mit Töpfen, Pfannen, Messer, Gabel – alles, was man benötigt, um Essen zuzubereiten – und Thermoskannen mit Kaffee. Ich schleppe mich doch nicht mit diesen Dingen ab, wenn ich nur einen Waldspaziergang mit anschließendem Café-Besuch vorhabe.

Warum tun so viele Menschen auf der gedanklichen Ebene genau das Gegenteil? Sie gehen nach Hause und schleppen den schweren Druck des Tages immer mit sich herum. Sie stehen am Bett ihres Kindes – rein körperlich jedenfalls – sitzen aber geistig immer noch am Schreibtisch und öffnen unangenehme Briefe oder dulden die gedankliche Existenz von negativer Kommunikation des erlebten Tages. Warum fällt es uns so schwer, Reinheitsgebote auch in unserem Kopf zu beachten?

Natürlich gibt es Leute, die sich auf einer anderen Wellenlänge und Energieebene befinden als wir. Aber mit diesen Menschen müssen wir ja nicht unbedingt vierundzwanzig Stunden lang zusammensein, nicht unbedingt zusammenarbeiten oder die Freizeit verbringen.

Wir haben die Wahl, uns unseren Umgang auszusuchen. Aber nicht, um die anderen Gruppen abzulehnen, sondern nur, um den uns besser erscheinenden Weg im zeitlichen Nacheinander zuerst zu beschreiten.

Beschäftigen müssen wir uns immer auch mit der anderen Seite der Medaille, mit der anderen Hälfte der Polarität. Der Lernprozeß Leben bedeutet für uns Rhythmus. Und im Takt dieses Rhythmus entscheiden wir ganz allein, ob wir aus Integration auch des uns erscheinenden negativen Pols lernen, also durch Bewußtwerdung oder durch Erfahrung und Leid.

Das Leid des Liedes ist das Lied des Leides. Nur ein banales Wortspiel? Wenn Sie leiden, dann sagen Sie bestimmte Dinge mit einseitiger Tendenz, oder Sie hoffen auf die andere Seite, das leidlose Leben, das Glück. Aber was ist das Glück? Es kann sich doch nur in uns abspielen und aus einem Gefühl bestehen. Aus einem harmonischen Gefühl der Zufriedenheit und aus Lebensbegeisterung!

Die Freude an der eigenen Entwicklung

Theorie ist nur der erste Schritt. Durch das Lesen einer Speisekarte wird man noch nicht satt.

Ich möchte Sie anregen, zu den Menschen zu gehen. Das Meer der Menschen ist so vielfältig, so daß mit Sicherheit auch Leute darunter sind, mit denen Sie gern zusammen sein werden. Schließen Sie Kontakte, gehen Sie auf Menschen zu, geben Sie Rat, und bieten Sie Tat.

Vor einiger Zeit war ich mit einem Film-Team in Hamburg unterwegs. Wir warteten am Anleger Jungfernstieg auf einen Alsterdampfer, der dreißig Minuten später eintreffen sollte. Der Platz war leer, und wir wußten nicht so recht, was wir mit der halben Stunde machen sollten.

Um essen zu gehen, war der Zeitraum zu kurz. Um nur zu warten, erschien er uns zu lang. So ergab sich durch meine Intuition folgende Begebenheit:

Ein fast leerer Platz. Ein Filmwagen. Vier Leute und eine aufgebaute 16-mm-Kamera. Ich stieg auf eine Bank und wendete meinen Blick langsam von der Binnenalster über den Platz. Ich schloß die Augen und nahm einige tiefe Atemzüge. Vor meinem geistigen Auge entstand die Vision, daß der Platz voller Menschen war und ich eine Rede hielt, der alle andächtig lauschten. Als ich die Augen öffnete, sah ich vor mir zwei ältere Damen mit einem Stadtplan in der Hand. Die eine sprach mich an:

Die Dame:
»Wir suchen die ABC-Straße. Können Sie uns vielleicht helfen?«

Ich sah die Damen an und fragte:

»Sind Sie mit dem Wagen da, oder wollen Sie zu Fuß gehen?«

Die Damen fast einstimmig:
»Den Weg suchen wir. Wir wollen dahin gehen.«

Mein Gesicht sah wohl in diesem Augenblick sehr nachdenklich aus, und in Kombination mit der von eben erlebten Vision griff ich das Thema des Weges, den die Damen finden wollten, auf.

Meine Ausführungen:
»Der Weg. Ja. Wir suchen alle den richtigen Weg. Für Sie ist es der Weg zur ABC-Straße. Für viele ist es der Weg aus Problemen heraus oder der Weg durch den Dschungel der menschlichen Beziehungen.

Wie für Sie der Stadtplan in der Hand, kann für viele verirrte Menschen ein Buch auf den richtigen Weg des Lebens führen. Denken wir nur an die Bibel, die vielen Menschen in einsamen Stunden geholfen hat, den vorübergehenden Weg der Einsamkeit zu überwinden. Aber ich gehe noch weiter. Der Weg ist das Wichtigste in unserem Leben, denn auch, wenn wir schlafen, geht das Leben weiter. Und im Weg ist beides enthalten: der Start und das Ziel...«

Ein paar weitere Personen blieben stehen und hörten meinen Ausführungen zu. Ein Vater mit seinem Kind auf den Schultern. Ein Liebespärchen, ein alter Mann mit einem Stock sowie zwei Fahrradfahrer, die stehenblieben.

Durch die Vergrößerung der Zuschauerzahl merkte ich, daß ich lauter sprach, um alle zu erreichen.

Es standen nun schon etwa fünfzehn Leute vor mir und schauten etwas höher zu mir hinauf, denn ich stand immer noch auf der Bank. Ich merkte, wie meine Hände mitsprachen und mein Kopf in die Runde schwenkte.

»... Ob jemand den Himalaya besteigt oder seiner Katze eine Schale Milch hinstellt, ob jemand ein Autorennen fährt oder einen Waldspaziergang macht, immer sollte man es mit Liebe und Begeisterung tun. Die Begeisterung auf dem Wege macht das Unterwegssein schon zur Erfüllung. Aber wie viele Menschen meinen, es geht nicht mehr weiter? Sie sind am Ende ihres Weges angekommen. In wie vielen zwischenmenschlichen Beziehungen ist der Stillstand eingetreten? Man geht sich lieber aus dem Weg, um Auseinandersetzung und Streit zu vermeiden. Dabei ist es so einfach, die Ehrlichkeit im Austausch mit den anderen als Basis zu respektieren. Und wenn mich die beiden netten Damen nach dem richtigen Weg in die ABC-Straße fragen, so ist es doch selbstverständlich, daß ich es ihnen gerne beschreibe, damit sie am schnellsten an ihr Ziel kommen.
Was bewegt aber die anderen, die sich hier eingefunden haben, um vielleicht das eine

oder andere Wort aufzugreifen, es in sich schwingen zu lassen, es ins Herz aufzunehmen, um nicht nur nach innen, sondern auch nach außen Glück zu strahlen.«

Inzwischen war aus dem leeren Platz ein fast voller Platz geworden. Schätzungsweise hundertfünfzig Personen standen dort und lauschten, ohne Hüsteln, Papierknistern oder Gemurmel. Sie standen andächtig vor mir. Ihre Gesichter strahlten, als würden die Menschen sich über jedes Wort freuen.

»Sehr oft reißt das Schicksal auch eine Lücke in unser Leben und somit in den Lebensweg. Da wird uns ein lieber Mensch genommen, da verlieren wir den Arbeitsplatz oder das Selbstvertrauen.
Aber auch diesen Menschen unter uns möchte ich zurufen: Es gibt keinen Grund, ängstlich zu sein, keinen Grund, den Mut zu verlieren. So wie Sie immer da sind, auch wenn Sie sich nicht selbst sehen, so sind auch Ihre Berechtigung und Ihre Fähigkeit zum Selbstbewußtsein ständig in Ihnen.«

Die anderen Team-Mitglieder

fingen an zu feixen, da sie nicht mit einem derartigen Schauspiel gerechnet hatten. Sie simulierten, als ob sie einen Redemitschnitt per Filmkamera und Tonbandgerät machten, einer versuchte sogar, mich zum Lachen zu bringen.

Ich wurde mir langsam meiner Verantwortung bewußt, die Geschichte – sprich: Rede – inhaltlich akzeptabel und äußerlich Mut machend, zu Ende zu bringen:
»Und wenn jeder Mensch zu sich selbst ehrlich ist, dann gibt es schon mal einen Menschen auf der Welt, der es gut mit uns meint und dessen Worten wir vertrauen können. Und wenn es uns dann noch gelingt, einen anderen Menschen zu unterstützen, daß er seinen Weg findet, dann haben wir viel mehr für die Menschheit getan, als es sich mit meinen bescheidenen Worten anhören mag. Ich will niemanden über den Haufen reden, ich will niemandem meine Meinung aufdrängen, ich würde nur große Freude empfingen, wenn ich den einen oder anderen durch

meine Worte in seinem Weg bestätigen kann oder ihm die Gelegenheit zum Überdenken geben konnte. So wünsche ich Ihnen allen, daß Sie Ihren Weg in die richtige Richtung gehen mögen, um das Leben zu einem Fest zu machen, zu dem Sie eingeladen haben. Vielen Dank.«

Die beiden Damen fingen an zu applaudieren und bald klatschten sämtliche auf dem Platz stehenden Menschen.

Es erinnerte mich an eine Situation, die ich allerdings noch nie bewußt erlebt habe. Mir wurde klar, wie einfach es ist, den Menschen Spiegel ihres Herzens zu sein. Das Erlebnis konnte ich allerdings in diesem Moment nicht weiter verarbeiten, da der von uns erwartete Alsterdampfer soeben eingetroffen war und wir mit einem Politiker ein Interview tätigten.

Es versteht sich von selbst, daß ich vor Aufnahme der Dreharbeiten den beiden älteren Damen den Weg zur ABC-Straße erklärt habe und sogar noch dreißig Meter mit den beiden mitgegangen bin.

Ideenreichtum ist gefragt, und gute Ideen wollen realisiert werden. Alles, was wir erblicken, ist einmal Idee gewesen. Und alles, was wir denken, kann sich verwirklichen. Da wir aber nicht »alles« wollen, müssen wir uns auch nicht darauf konzentrieren, sondern nur auf das, was uns im Leben sinnvoll erscheint und uns fröhlich macht.

Tun wir doch einmal etwas Ungewohntes. Wenn wir morgens aus dem Bett steigen, können wir das doch auch über das Kopfkissen rückwärts (sofern dort keine Wand ist), nach links, nach rechts oder über das Fußende tun.

Wenn wir uns jeden Morgen den rechten Schuh zuerst anziehen, können wir dies auch im Wechsel machen und den linken Fuß gleichberechtigt behandeln.

Statt im Badezimmer mit muffeligem Gesicht unangehme, täglich wiederkehrende Aktivitäten auszuführen, können wir auch eine gut gestaltete Motivationskassette hören und unserer guten Laune Luft machen.

Es gibt so viele Möglichkeiten, den Tag mit guten Ideen kraftvoll zu gestalten. Die nachfolgende kurze Geschichte aus dem Theater-Bereich verdeutlicht auf humorvolle Weise das Thema der Erwartungshaltung.

Viel Spaß beim Lesen:

Foyer eines Theaters. Ein etwa dreißigjähriger Mann kauft sich eine Karte und sieht sich die ausgestellten Plakate an. Er geht durch eine Tür in die Vorhalle. Seine Karte wird abgerissen, und er nimmt seinen Platz im Zuschauerraum ein. Er blättert im Programmheft. Nach kurzer Zeit verdunkelt sich der Raum, und der Intendant betritt die Bühne. Er beginnt vor dem geschlossenen Vorhang mit seiner Begrüßungsrede:

»Hochverehrtes Publikum. Sie sind die ersten. Die ersten Zeugen des Beginns einer neuen theaterkulturellen Epoche. Wir haben in mühevoller und aufopfernder Kleinarbeit, in Tag- und Nachtschweiß gebadet, diese sensationelle Entwicklung geschaffen und sind besonders stolz auf alle kreativen Geister, die in vorbildlicher Team-Arbeit diesem Stück Gestalt gaben. Aber ich will Sie nicht länger auf der Streckbank der Spannung liegenlassen. Entspannen Sie sich, und genießen Sie das Theater der Superlative.«

Vom Vorschuß-Applaus begleitet, begibt sich der Intendant wieder hinter die Kulissen. Das Publikum kommt zur Ruhe. Größte Erwartung schwebt durch die Sitzreihen. Doch dann, wenige Minuten später, entsteht bereits eine leichte Ungeduld, da sich immer noch nichts auf der Bühne tut.

Der erste ruft:
»Anfangen!«
Und nach einem leichten Klatschakt hört man:

»Vorhang auf, wir wollen was sehen!«

Der junge Mann von vorhin scheint seine Ruhe nicht zu verlieren. Er schaut in die Runde, steht von seinem Platz auf und geht langsam mit entschuldigender Geste zum Seiteneingang und weiter in Richtung Bühne. Kaum betritt er die Bretter, die die Welt bedeuten sollen, beruhigt sich die Atmosphäre bis zur Stille.

Dann sagt er:
»Ein Theater der Superlative gibt es nicht (Pause) – ohne ein Publikum der Superlative.«
Dann fährt er gestenreich fort:
»Bevor ich hinter mich schaue, um in mich zu gehen, rufe ich unter tiefsten Empfindungen meiner Innenwelt nach oben: Haltet inne. Mit äußeren Verunglimpfungen, die den Seelenschmerz vergrößern und die Harmonie des Zusammenlebens verkleinern. In jeden Kopf möchte ich einen Gedanken peitschen. Wie ein wirkungsvolles poetisches Serum soll er alles in euch vernichten, was die Welt vernichten könnte. Und wenn gleich der Vorhang nach

oben schwebt, so lasse ich alle guten Wünsche erscheinen.
Aus Für und Wider wird dann ein uneingechränktes Ja für das Gute. Und wird die Welt über der Erde stehen, so schwingen die Zwischenräume voll Geborgenheit und Wärme. Ich bin am Ende meiner Vorrede und mittendrin in der Rahmenhandlung des Geschehens. Applaus für den Abgang des Vorhangs...«

Und wieder gibt das Publikum donnernden Beifall. Die Stimmung ist die beste, das Thema interessiert.
Im Zimmer des Intendanten bricht Panik aus. Nichts von dem, was sich in der Vorstellung ereignet, war geplant.

Der Intendant:
»Was ist los? Das darf doch nicht wahr sein, der Mann muß sofort von der Bühne!«

In aufgeregten Gesprächen wird die ursprüngliche Konzeption des Intendanten deutlich.

Der Intendant:
»Die ganze Vorstellung über sollte der Vorhang geschlossen bleiben, um das Publikum in eine meditative Phase zu versetzen. Schwarz, holen Sie den Mann von der Bühne!«

Inzwischen hat der seltsame Darsteller begonnen, mit einer kleinen Schere den Vorhang zu zerschneiden. Als er unter dem Vorhang durchschaut, sieht er zwei Theaterleute mit drohenden Gesten auf sich zukommen. Dies ist für die Zuschauer nicht sichtbar.

Der Mann ruft:
»Ich werde die Wahrheit ans Tageslicht schneiden, bis sie hüllenlos im Gewand einer Freudenträne vor uns steht. Und dann könnt ihr sie alle fragen, ob sie ungeschminkt in euch ihr Spiegelbild erkennt. Dann seid ihr dran. Dann wird abgerechnet. Mit jedem einzelnen wird eine Gewissensbestimmung durchgeführt. Es wird keine Rolle spielen, wer sich hinter dem Vorhang oder in seiner Anonymität des Publikums versteckt. Ihr könnt der großen Demaskierung nicht entgehen. Die Ausgänge sind geschlossen.«
Donnernder Applaus.

Der Intendant scheint einem Zusammenbruch nahe.

Der Indentant:
»Der macht mir die ganze Vorstellung kaputt. Wie retten wir

nur diese verfluchte Situation?«

Ein Angestellter berichtet aufgeregt:

»Das Publikum tobt, Chef, das müssen Sie erleben. Die Leute fahren unheimlich ab auf das, was der sagt.«

Intendant:

»Aber mein Konzept. Die Aufführungsrechte. Ich bin blamiert. Sie wissen doch genauso gut wie ich, daß als Auflage von Berger ausdrücklich die Einhaltung aller Absprachen verlangt war.«

Der Intendant setzt sich in einen Sessel und erklärt sein Konzept.

Der Intendant:

»Es war doch so gut wie alles schon da. Als letzte Steigerungsmöglichkeit wollte ich den Vorhang überhaupt nicht hochziehen. Theater der Superlative – als meditatives Theater. Kapieren Sie doch endlich!«

Es erscheint der Gesprächsrunde zu spät, das Spektakel zu unterbrechen. Da kommt dem Regieassistenten eine Idee.

Regieassistent:

»Die Nummer kommt sagenhaft an. Warum schlachten wir den Erfolg nicht für uns aus? Niemand merkt, daß wir andere Absichten hatten.«

Intendant:

»Sie meinen... Mensch, wenn das einer rauskriegt. Dann können wir den Laden hier dichtmachen, das sag' ich euch. Aber wir haben wohl keine andere Chance.«

Regieassistent:

»Nur, wer ist dieser Typ? Man müßte ihn ja dann für die gesamte Spielzeit verpflichten.«

Intendant:

»Quatsch, den ziehen wir aus dem Verkehr. Der wird krank oder so was Ähnliches. Was läuft denn jetzt da draußen ab – ich will das sehen.«

Donnernder Beifall.

Auf jedem Sitz applaudiert ein begeisterter Zuschauer. Der Mann auf der Bühne verneigt sich. Und auch der Intendant sieht sich gezwungen, vor sein Publikum zu treten. Die Leute erheben sich von ihren Plätzen. Der Intendant gibt dem Darsteller zu verstehen (mit eindeutiger Geste), daß er ihn umgehend zu sprechen wünscht.

Der Intendant:

Im Büro des Intendanten.

»Ich hab' gleich noch ein Wörtchen mit Ihnen zu reden.«

Der Intendant:
»... und da dachten wir, welch glücklicher Umstand, daß Sie intuitiv die Situation erfaßt haben und der Vorstellung zum Erfolg verhalfen, denn unser Hauptdarsteller ist ganz plötzlich erkrankt. Und das war mir noch nicht einmal bekannt, als ich die Begrüßungsrede hielt. Da es sich um eine längere Krankheit handelt, dachten wir, daß Sie vielleicht wenigstens die ersten drei, vier Vorstellungen bestreiten.«
Der junge Mann:
»Daran, Herr Intendant, bin ich nicht interessiert. Ich wollte nur einmal beweisen, was ich kann. Ich muß übermorgen sowieso wieder nach München zu meinem Wanderzirkus.«
Der Intendant:
»Sie können uns doch jetzt nicht, wo Sie uns gerade gerettet haben, wieder im Stich lassen und uns dem Schicksal als Beute vorwerfen!«
Der junge Mann:
»Ich habe alles gesagt, was zu sagen ist. Ich verspreche Ih-

Darauf antwortet der junge Mann nicht, sondern geht zielstrebig zum Ausgang und verschwindet.
Totale Ratlosigkeit bei der Intendanz dieses renommierten Theaters. Die Pressestimmen am nächsten Tag überschlagen sich in positive Richtung. Der Bürgermeister hat sich angesagt und gratulierte in einem persönlichen Telegramm. Dadurch, daß der Abend ganz anders geplant war, hat der Tonmeister auch keine Aufzeichnung mitgefahren. So gibt es nicht einmal den Text, der beim Publikum ankam, wie selten ein Stück zuvor.
Die Spannung bringt die Atmosphäre hinter den Kulissen zum Kochen. Am nächsten Abend begibt sich der Intentant trotz größter Unsicherheit auf die Bühne und spricht seine Begrüßung wie am Vorabend. Da erblickt er auf einen, keine Probleme zu machen, keine Interviews zu geben und niemandem von dem zu erzählen, was ich weiß.«
Der Intendant:
»Woher wissen Sie überhaupt?«

mal den Zufallsdarsteller der letzten Aufführung in einer der vordersten Reihen. Ein Hoffnungsschimmer, daß sich die Reaktion der Premiere wiederholen könnte. Doch heute abend bleibt der Star des Premierenabends wie ein normaler Zuschauer auf seinem Sitz. Er lächelt und wartet gespannt auf den Beginn der Vorstellung.

Dies nur als kleine Anregung, nicht alles immer so fürchterlich zu begrenzen in unserem Leben. Wir dürfen viel humorvoller mit uns und anderen umgehen und den dadurch entstehenden Kontakt für die Produktion unseres Lebensgefühls nutzen.

Und denken Sie immer daran, daß wir die negative Seite der Einheit auch für unser Leben und unseren Lebensweg benötigen. Was wäre Freude im Unterhaltungsbereich ohne den Clown, dem alles schiefgeht, der auf der Bananenschale ausrutscht und der so häufig eine Ohrfeige erhält? Was wären wir ohne die Schadenfreude, die im Volksmund als reinste Freude gehandelt wird?

Was macht ein Hundertmeterläufer vor seinem Lauf? Er ist zusammengekauert am Boden – ganz still, um dann auf Schußzeichen mit all seiner Kraft dem Ziel entgegenzulaufen. Niemand würde sagen: »Guck dir den faulen Hund an, der läuft ja nicht. Er sitzt dort wie ein Häschen in der Grube.«

Die Wartezeiten gehören zum Leben genau wie die Phasen intensivster Aktivität. So können nur die wenigsten zweimal hintereinander Mittag essen, ohne dem Verdauungstrakt eine Zeitlang Ruhe zu gönnen, die wiederum ein wunderbares Hungergefühl entstehen läßt. Wann ist ein Erfrischungsgetränk am wirkungsvollsten? Wenn uns warm ist, wenn wir durstig sind – und dann »zischt« es so richtig schön...

Wann starten Sie Ihre Karriere?

Karriere ist auch so ein Begriff, der nie eindeutig zu verstehen ist. Für den einen mag es bedeuten, Schlagerstar zu sein. Für den anderen erfolgreicher Geschäftsführer einer Pumpenfabrik.

In meinen Augen kann aber auch eine Hausfrau und Mutter Karriere machen, indem sie ihr Lebensziel realisiert, indem sie erfolgreich ihr Leben und das ihrer Familie gestaltet. Wenn eine Frau oder ein Mann die selbstgestellten Aufgaben löst, handelt es sich um eine erfolgreiche Karriere.

Ein Mensch, der in einer hohen Position sitzt, aber tieftraurig durchs Leben geht und vierundzwanzig Stunden täglich einem aufreibenden Druck ausgesetzt ist, kann sich doch nicht ernsthaft auf der Karriereleiter ganz oben empfinden.

Um Ihnen einmal auf unterhaltsame Weise die Unterschiede zu demonstrieren, was für den einen oder anderen Karriere bedeuten kann, erzähle ich Ihnen eine kleine Geschichte mit dem Titel: »Herr Mewes macht Karriere.«

Herr Mewes geht die Stufen eines Treppenhauses hoch. Es handelt sich um ein Geschäftshaus.

Herr Mewes:
»Gestatten Sie, daß ich mich vorstelle, Mewes ist mein Name. Ich möchte meinen Sohn in seiner Firma besuchen. Er ist seit einem halben Jahr mit einer großen Erfin-

dung beschäftigt. Es wird bald eine Tasche geben, die trotz schweren Inhalts ihr Gewicht nicht vergrößert. Also eine Neuigkeit die der gesamten Menschheit nützt. Momentan soll die Firma die Erweiterung dieses Patents auf Picknickkörbe und Plastiktüten entwikkeln. Und mein Sohn ist einer der ersten, die dabei sind ...«

Herr Mewes ist sehr stolz. Er klingelt, oben angekommen, an der Eingangstür und wird in einen Flur gebeten, in dem sich eine Sitzecke befindet.

Die Empfangsdame:
»So, wenn Sie hier bitte einen Augenblick warten möchten. Ich werde Ihren Sohn verständigen.«

Herr Mewes sitzt im Sessel und schaut sich um. Er schleicht sich an einer offenen Tür vorbei.

Herr Mewes denkt:
Wer lacht denn hinter dieser Tür? Ob ich mal durchs Schlüsselloch gucke?

Herr Mewes schaut sich um, ob die Luft rein ist.

Herr Mewes denkt:
Es ist ja außer mir niemand auf dem Flur.

Herr Mewes bückt sich und

schaut in Richtung Schlüsselloch.

Herr Mewes denkt:
Hm, nichts zu sehen, alles dunkel. So ein Mist.

Seine rechte Hand ergreift die Türklinke.

Ich muß wissen, was in diesem Raum vorgeht. Da! Meine rechte Hand hat schon den Türdrücker umfaßt und... doch was ist das? Auf einmal verstummen sämtliche Geräusche, die aus dem Zimmer drangen. Auf meinem Mantel sehe ich einen kleinen Sonnenstrahl, der durch das Schlüsselloch schlüpft. Was sollen nur die Leute denken, die eventuell den Flur überqueren, wenn ich in gebeugter Körperhaltung den Türgriff beschlagnahme? Jetzt kommt es mir vor, als stemme sich jemand von innen auf den Türdrücker. Der glaubt doch wohl nicht im Ernst, meine Gegendruckerfahrung zu übertreffen! Sehr naiv, diese Angestellten heute. Kaum gelingt ihnen irgendeine große Erfindung oder etwas ähnlich Unbedeutendes, denken sie prompt, sie seien die Größten. Aus diesem Grunde verdränge ich alle Gedanken, die sich mit Nachgeben beschäftigen, und entschließe mich, zu zeigen, was ich kann.

Am Ende des Flurs wird ein Mann sichtbar, der es merkwürdig zu finden scheint, daß Herr Mewes in gebückter Haltung an der Tür steht. Aber dann geht er ohne weitere Beachtung weiter seines Weges. Vielleicht denkt er, daß Herr Mewes ein Monteur ist und den Türgriff repariert.

Herr Mewes denkt:
Der Druck von innen wird zwar stärker, aber ich kenne diese unfairen Brüder. Die bringen es glatt fertig und machen sich zu zweit oder sogar zu dritt an der Klinke zu schaffen. Von einem Mann-gegen-Mann-Kampf haben die noch nichts gehört. Wahrscheinlich grinsen sie sich gegenseitig an, um Mut zu fassen.

Herr Mewes ist in Schweiß gebadet. Perlen laufen ihm von der Stirn. Seine Nasenlöcher wirken um ein Vielfaches vergrößert. Er atmet hektisch.

Herr Mewes denkt:
Ich weiß noch genau – es liegt ungefähr zwanzig Jahre zurück. Ich machte meinen übli-

chen Mittagsschlaf in unserer Gartenlaube gleich hinter dem Haus. Mein Sohn Dieter kam aus der Schule und rannte aufgeregt zu mir. In wenigen Worten erklärte er mir, daß man ihn verfolgte. Seine Klassenkameraden wollten ihm an den Kragen. Als sein Vater war es meine Pflicht, dem Jungen zu helfen. Ich beschloß in Sekundenschnelle, die Tür der Laube zuzuhalten. Nach einiger Zeit gaben die Mitschüler meines Sohnes auf und liefen davon. Seit dieser Zeit habe ich die Lösung des Türzuhaltens oft gewählt. Und wie man sieht, ist mir der Erfolg bis heute treu geblieben, denn auch diese Tür hat sich noch keinen Milimeter geöffnet.

Zwei Männer treten herbei und stellen ihm eine konkrete Frage.

Ein Mann:
»Was machen Sie da?«
Herr Mewes:
»Ich schaff' das schon allein. Wäre doch gelacht!«

Der eine Mann streckt seine Hand nach der Klinke aus, die von Herrn Mewes umklammert wird.

Herr Mewes:
»Finger weg! Ich bin dabei, die Tür einem Dauerdrucktest zu unterziehen und die Ergebnisse an ein Institut weiterzugeben, in dessen Diensten ich stehe. Bei besonders schwierigen Fällen ziehen die Monteure einen von uns hinzu... Eine Spezialeinheit – wenn Sie verstehen.«
Herr Mewes denkt:
Doch glauben Sie ja nicht, daß einer von den beiden freundlich geguckt hätte. Schließlich erklären sie mir, daß ihr Chef sich ein Gespräch mit mir wünscht.

Etwas später.
Herr Mewes sitzt mit erhöhtem Puls und Vorfreude in der Brust auf dem Rücksitz eines Autos.

Herr Mewes denkt:
Ich werde dem Professor, der mich sprechen will, für meine Ideen hohe Forderungen stellen. Mein Leben lang hat man mich zu niedrig bezahlt. Das ist nun vorbei. Jetzt wird abkassiert. Es wird nicht lange dauern, dann hat sich meine dürftige Bleibe in einen Palast verwandelt. Statt nur einmal Fleisch in der Woche, gibt es

jeden Tag die herrlichsten Lekkereien und Spezialitäten. Niemand wird das Recht haben, mir Befehle zu erteilen. Nur ich werde über mein Leben bestimmen. Es hat sich also doch gelohnt, die vielen Jahre auszuharren und auf Besserung zu hoffen. Ich habe es geschafft! Die Zeitungen werden Reportagen über mich veröffentlichen. Alle Verwandten werden vom heutigen Tag an nur noch hinter meinem Geld herjagen. Inzwischen sind wir schon eine beachtliche Strecke gefahren. Und dann biegen wir auch schon in einen Torweg ein und bewegen uns auf ein riesiges Gebäude zu. Die Leute hinter den Fenstern tragen zum Teil weiße Kittel. Ich werde sicherlich in Kürze auch Anspruch auf eine dementsprechende Berufskleidung haben. Ein intensives Majestätsgefühl überkommt mich.

Man hilft Herrn Mewes aus dem Auto und betritt das Gebäude. Der Blonde springt ein paar Schritte vor und öffnet eine links vom Gang abgehende Tür, nachdem er dreimal kräftig geklopft hat.

Bevor Herr Mewes irgend etwas von sich geben kann, bricht sein Gegenüber das Schweigen und redet mit stechendem Blick auf ihn ein.

Klinik-Chef:
»Sie sind also Fachmann für Türklinkenbelastungsteste... Ja, wir haben hier viele Menschen mit ausgefallenen Berufen. Ob Sie bei uns bleiben oder nicht, werde ich nach unserem Gespräch entscheiden. Fangen Sie an. Klären Sie mich über Ihre großen Ideen auf, damit ich mir ein Bild davon machen kann.«

Das Gesicht von Herrn Mewes erstrahlt.

Herr Mewes denkt:
Ich erzähle ihm alles über das Tragetaschenpatent und meine Erweiterungsidee auf Türklinkenbelastungsteste,
die zukünftig von nur einer Person durchgeführt werden können.
»Weitere Einzelheiten erfordern exaktes Durchmessen und eine durchzuführende Testreihe«, füge ich mit selbstverständlichem Unterton hinzu. Ich bemühe mich, meine Schilderungen so ausführlich wie möglich zu gestal-

ten und spreche auch die eventuelle Beteiligung der Türklinkenfirmen bei der Finanzierung des Vorhabens an.
Der Klinik-Chef:
»Danke, das reicht. Ich hab' das Gefühl, Sie werden sich gut in unsere Gemeinschaft einfügen und Gefallen am Leben hier finden. Ich zeig' Ihnen am besten gleich Ihr Zimmer.«
Herr Mewes:
»Heißt das, ich bin angenommen?«
Klinik-Chef:
»Ja, Sie bleiben bei uns. Kommen Sie.«
Herr Mewes denkt:
Er begleitet mich einen Stock höher in mein Zimmer. Weist mich auf die Hausordnung hin und läßt mich dann allein. Die Tür verriegelt er von außen. Ich nehme an, aus Sicherheitsgründen, damit sich niemand einschleichen kann, um geheime, von mir konzipierte Unterlagen zu entfernen. Ich hab' das Gefühl, ich bin hier am richtigen Platz, denn alles weist auf eine professionelle Abwicklung hin. Auch macht der Chef einen sehr sympathischen Eindruck auf mich. Ich

habe früher in einem Buch über Kreativitätstraining gelesen, der Mensch soll sich laufend neue Ziele setzen und sich nicht mit dem Erreichten zufriedengeben. Sicherlich werde ich bald als zweiter Mann und Assistent des Professors fungieren. Mein Ziel aber wird sein, den Laden hier ganz zu übernehmen.

Diese kleine Geschichte soll zeigen, daß es unterschiedliche Meinungen, Empfindungen und Deutungen gibt. Wir Menschen sind alle sicherlich ein wenig verrückt, und jeder unterscheidet sich vom anderen. Das ist gut so. Es kann nicht jeder ein Star sein. Auch die Fans werden gebraucht.

Ein Ausspruch, der gar nicht die Entscheidung fordert für die eine oder die andere Seite. Wir können beides haben, indem wir Nutzen bieten und Nutzen annehmen.

Wenn ich einen Vortrag halte, biete ich Informationen an, fühle mich aber gleichzeitig durch die Arbeit des Vortragens wohl. Nutzen für die anderen, eine sinnvolle Arbeit für mich. Daß wir das, was wir tun, auch akzeptieren, ist der wichtigste Punkt. Es muß uns Spaß machen, wir müssen Freude dabei haben und mit unserer Lebenszeit zu jedem Zeitpunkt etwas anfangen können.

Wartezeit – eine kaum genutzte Möglichkeit

Ob wir auf den Bus warten, auf das Essen, auf die Müdigkeit, im Wartezimmer eines Arztes oder auf die Geburt eines Kindes – immer erscheint uns diese Zeit länger als andere Momente in unserem Leben. Aber Warten ist kein Selbstzweck. Niemand schreibt uns vor, daß wir, wenn wir auf etwas warten, in der Zeit nichts anderes machen können. Es gibt kein exklusives Warten, wir tun immer etwas, und sei es nur denken, atmen, schauen, hören...

Warten ist ein geistiger Zustand von Ungeduld und Nicht-warten-Können. Wer wartet, kann es nicht. Wer warten kann, der wartet nicht. Wer warten will, den gibt es nicht. Denn Warten geht von selbst.

Wenn wir in einer bestimmten Zeit auf etwas warten, so können wir diese Zeit für die Veränderung unserer Lebensqualität verwenden. Oder wir können uns ärgern, daß wir die Zeit nicht überspringen können. »Ach, wär' doch bloß schon heute abend« oder: »Ach wär' doch bloß schon Sommer.«

Wir müssen endlich begreifen, daß wir nicht nur auf der Sonnenseite des Lebens genießerisch faulenzen können, sondern daß wir die Auseinandersetzung mit dem, was wir Negatives nennen, für unser Glück benötigen. Das bedeutet, wir müssen unser Leben über die Erfahrung mit beiden Polen per Lernprozeß zur Reife führen.

Wunschlos glücklich?

Was muß das für ein Mensch sein, der wunschlos glücklich ist? Hat er keine Wünsche, da er alles besitzt, oder hat er keine Wünsche, da er der negativen Meinung ist, sich diese in keinem Fall erfüllen zu können?

Wir müssen hier unterscheiden zwischen ideellen Wünschen wie dem Erlangen von Charaktereigenschaften, Gesundheit, erfüllte Liebe usw. und materiellen Wünschen.

Das Thermometer unserer Lebensgefühle zeigt die Aufgabenstellung an. Probleme und Wünsche drängen nach Lösung und Erfüllung. Und wer es versteht, dies intuitiv zu meistern, der hat den Sinn seines Lebens erkannt.

Es gibt Leute, die sitzen den ganzen Tag im Sessel und frieren. Sie bräuchten nur ins Nebenzimmer zu gehen, den Schrank zu öffnen und einen warmen Pullover anzuziehen – aber sie tun es nicht –, sie frieren. Und gibt man ihnen den Rat, doch einen Pullover anzuziehen oder ein paar Kniebeugen zu machen oder vielleicht einen Spaziergang in frischer Luft, dann bekommt man die Antwort: »Nein danke. Keine Lust.«

Diese gegensätzlichen Pole »Frieren« und die Notwendigkeit von »Aktivität«, um den Wunsch nach Wärme zu verwirklichen, gilt es einmal zu überdenken. Es erscheint ja auch als Umweg, wenn ich durch einen Pullover oder einen forschen Spaziergang Wärme erlange, statt auf Knopfdruck oder vielleicht sogar eines Tages durch Tabletten-Schlucken spontan Hitze zu erfahren.

Es sind wieder die kleinen simplen Beispiele, die sich auf die großen individuellen Lebenserfolge übertragen lassen. Wenn ich in meinem Beruf erfolgreich werden will, dann muß ich alles tun, was mich diesem Ziel näherbringt, und alles vermeiden, was mich von ihm entfernt.

Da haben wir zuerst einmal die Information. Die Information über den Beruf und den erstrebten Erfolg. Wenn mir das gefällt, was ich innerhalb dieser Informationsaufnahme an Visionen erlebe, dann kann ich mir weiterführende Gedanken machen, in einem zeitlichen Ablauf terminieren und mit Aktivität loslegen.

Bevor wir allerdings einen ganz konkreten Erfolgsplan aufstellen, nach dem Sie sich ab sofort auf Ihren Erfolg orientieren können, soll ein kleines Drehbuch-Beispiel die Möglichkeiten für kleinere Problemlösungen verdeutlichen:

Flugaufnahme über wunderschönes Waldgebiet der Steigerwald-Höhenstraße. Ein Auto wird sichtbar, und wir verengen den Bildausschnitt, so daß wir eine Familie erkennen. Im Auto die jeweils sprechende Person sowie Zwischenschnitte der vorbeiziehenden Landschaft.

Der Junge (11 Jahre):
»Ich will aber viel lieber baden als dauernd im Wald rumlaufen. Schließlich haben die meisten aus meiner Klasse schon den Jugendschein ...«

Die Mutter sitzt auf dem Beifahrersitz und wendet sich zum Sohn nach hinten:

Mutter (Mitte 30):
»Wenn der Urlaub zu Ende ist, hast du ja immer noch zehn Tage Ferien und kannst von

mir aus jeden Tag ins Schwimmbad gehen.«
Tochter (8 Jahre):
»Wann fahren wir denn zum Waldgeist?«
Vater (am Lenkrad, Anfang 40):
»Nun wartet doch ab, alles zu seiner Zeit.«

Sohn, nah, zu seiner Schwester:

»Waldgeist, so 'n Quatsch. In deinem Alter sollte man schon wissen, daß es so was nicht gibt. Weihnachtsmann, Osterhase und Klapperstorch auch nicht...«

Das Auto fährt die Straße entlang. Wir schwenken mit und setzen die Kamerabewegung fort Richtung Wald. Ein alter Mann wird sichtbar. Er verfolgt mit seinen Augen das Auto und schmunzelt. Sein Gesichtsausdruck läßt vermuten, daß er die Unterhaltung (wie auch immer) verfolgt hat. Er wendet sich von der Straße ab und geht mit langsamen Schritten in den Wald hinein.

Wir hören seine Gedanken:
»Was ist das nur für eine Zeit, ... in der selbst die Kinder nur noch an das glauben, was sie konkret mit den Augen se-

hen, und in der eine Schwimmprüfung wichtiger zu sein scheint als die phantastischen Rätsel des Lebens zu entschlüsseln.«

Die Familie fährt mit dem Auto auf einen kleinen Parkplatz mitten im Wald. Man steigt aus, um ein kleines Picknick zu machen. Die Kinder laufen in den Wald.

Der Vater ruft:
»Lauft nicht gleich wieder weg, jetzt wird erst mal gegessen.«
Die Mutter sagt zum Vater:
»Laß sie doch. Dann haben wir auch mal 'n Augenblick Ruhe ... Wo hast du eigentlich den Kartoffelsalat?«
Der Vater schlägt sich an die Stirn und sagt:
»Das darf nicht wahr sein. Ich fürchte, zu Hause in der Garage. Ich mußte doch noch mal umpacken wegen der dämlichen Spiele, falls es regnet.«
Die Mutter:
»Macht doch nichts, dann essen wir eben Brot dazu.«

Die Kinder sind in den Wald hineingelaufen. Der Junge läuft vor und ruft:

»Krieg mich doch, du lahme Schnecke.«

Das Mädchen:
»Du bist gemein, warte doch auf mich.«

Der Junge versteckt sich hinter einem Baum und feixt in sich hinein.

Der Junge (Steffen):
»Die kriegt mich nie.«
Und dann lauter:
»Hier bin ich.«

Das Mädchen bleibt kurz stehen. Kopf nah.

Das Mädchen (Meike):
»Steffen, wo bist du denn?«

Dann läuft sie weiter in den Wald hinein und an dem Baum vorbei, hinter dem Steffen lauert. Steffen nutzt die Gelegenheit, sie kräftig zu erschrecken.

»Huaahh!!! Ich bin der Waldgeist.«
Meike:
»Hilfe!«
Steffen:
»Wieso hast du denn Angst. Vor etwas, was es gar nicht gibt, braucht man doch keine Angst zu haben.«

Ein lautes Knacken läßt die beiden aufhorchen.

Meike ängstlich:
»Was war das?«
Steffen zu Meike:
»Ach, wahrscheinlich 'ne

Maus, ein Wildschwein oder ein Grizzlybär. Uuaahh!!! Ich bin der Bär.«

Halb weinerlich, halb interessiert, läuft Meike vor Steffen weg weiter in den Wald hinein.
Montage-Nahaufnahmen:
Meikes laufende Füße, Meikes keuchendes Gesicht. Steffens laufende Füße, Steffens jagdlüsternes Gesicht.
Halbtotale Kamerafahrt parallel zu den laufenden Kindern. Steffens Kopf im Anschnitt, Meike dreht sich nach hinten um, läuft aber weiter und fällt in eine Grube, die teilweise, ähnlich einer Falle, mit Zweigen überdeckt ist. Kamera aus Richtung Grube. Steffen tritt an den Rand und sagt:

»Typisch. Ich helfe dir.«

Meike hat sich mehr erschrokken als verletzt, weint aber trotzdem. Ihr Gesicht ist mit Sand verschmiert. Steffen sucht nach einem langen Ast, um seine Schwester zu befreien. Die Eltern auf der Picknickdecke.

Der Vater:
»Wenn ich dich so sehe, dann gefällst du mir immer noch wie am ersten Tag.«

Die Mutter:
»Das ist ja eine Unverschämtheit. Neulich hast du noch gesagt, du liebst mich von Tag zu Tag mehr.«
Der Vater:
»Na, du weißt doch, wie ich das meine.«
Mutter:
»Nein, wie denn?«
Vater:
»Wo sind denn die Kinder nun wieder?«
Mutter:
»Ah, der Ablenkungskünstler.«
Vater:
»Du weißt doch selbst, daß immer am meisten passiert, wenn es so verdächtig still ist.«
Mutter:
»Nun laß sie doch mal einen Augenblick den Wald entdekken. Sie werden schon gleich wiederkommen. Denk daran, wie oft wir uns umsonst Gedanken gemacht haben... Wahrscheinlich schleichen sie sich von irgendeiner anderen Seite an uns heran und wollen uns erschrecken.«

Steffen reicht seiner Schwester einen Ast in die Grube.

Steffen:
»Los, halt dich fest. Ich zieh' dich raus.«

Meike ergreift den Ast und gibt sich Mühe, in kleinen Schritten am Rand emporzuklettern. Auf halber Höhe rutscht sie ab und reißt ihren Bruder mit in die Grube hinein (Zeitlupeneffekt).	
	Lauter Aufschrei von Steffen.
Naheinstellung vom alten Mann, der sich aufgrund des Schreies in Richtung Grube wendet. Die Eltern auf der Picknickdecke.	
	Mutter: »Was war das?« Vater: »Dein Herr Sohn. Daß er immer Meike ärgern muß.« Mutter: »Na komm. Du weißt genau, daß Meike manchmal auch ganz schön biestig sein kann. Möchtest du noch Kaffee?«
Die Kinder in der Grube. Sie klopfen flüchtig Steffens Jacke aus und versuchen vergeblich die Falle zu verlassen.	
	Steffen: »So ein Mist.« Meike weinerlich: »Wir schaffen das nicht.« Steffen: »Ja, irgendetwas müssen wir ja tun. Oder willst du hier auf deinen Waldgeist warten?«

Meike:
»Komm, laß uns ganz laut rufen, vielleicht hört Vati uns.«

Beide holen tief Luft, halten aber inne, als sie ein lautes Knackgeräusch vernehmen.

Meike:
»Guck, da kommt Vati schon. Vati, wir sind hier in der Grube.«

Steffen:
»Komm, hol uns raus.«

Der alte Mann tritt an den Grubenrand.

Der alte Mann:
»Was schreit ihr hier im Wald? Das könnt ihr doch zu Hause oder auf dem Spielplatz machen. Habt ihr denn überhaupt keine Ehrfurcht vor der Natur?«

Steffen:
»Sind Sie der Förster? Helfen Sie uns doch bitte. Wir sind hier schließlich nicht freiwillig reingefallen.«

Meike:
»Ja, holen Sie uns raus hier. Wir wollen wieder zu unseren Eltern.«

Der alte Mann:
»Wenn ihr euch das wirklich wünscht und das wirklich wollt, warum macht ihr das dann nicht?«

Steffen:
»So 'ne blöde Frage. Ich hab' es ja schon versucht, es geht einfach nicht.«

Der alte Mann streicht sich seinen Bart, überlegt und sagt:

»Na gut, dann werde ich euch beweisen, daß es geht, wenn ihr es wirklich wollt. Aber wie heißt ihr überhaupt?«

Steffen:
»Ich heiße Steffen, und das ist meine Schwester Meike. Wenn die besser aufgepaßt hätte, dann wären wir jetzt hier gar nicht drin.«

Alter Mann:
»Na, na wenn du nicht gejagt hättest, dann wäre sie ja nicht in die Grube gefallen.«

Steffen verwundert:
»Ach, dann haben Sie alles gesehen?«

Alter Mann:
»Nun gut. Geh dort hin, wo der kleine Vorsprung ist und setz deinen linken Fuß darauf.«

Steffen tut genau das, was der alte Mann sagt. Meike guckt gebannt zu.

Der alte Mann:
»Etwas höher links siehst du eine kleine Wurzel. Die mußt du mit deiner linken Hand ergreifen.«

Steffen:
»Wo denn. Ich seh' keine.«
Alter Mann:
»In Augenhöhe, etwas links.«

Steffen ergreift die Wurzel und spürt, daß sie ihm Halt gibt. Er atmet auf.

Alter Mann:
»Jetzt setzt du den rechten Fuß auf den kleinen Stein dort. Wenn du dich jetzt mit aller Kraft nach oben abstößt und es schaffst, mit dem linken Fuß auf die Wurzel zu kommen, dann kannst du meine Hand erreichen, und du hast es geschafft.«

Der alte Mann streckt seine Hand aus und schaut Steffen tief in die Augen. Steffen sieht den alten Mann an und spürt unbewußt die Weisheit und Erfahrung einer Art Mensch, der er noch nie begegnet war. Er konzentriert sich und setzt seine ganze Energie ein. Und siehe da, er schafft es.
Die Hand des alten Mannes nah. Steffens Hand schiebt sich ins Bild. Die Hände ergreifen sich. Halbtotal, der alte Mann zieht Steffen an sich heran und sagt:

»Gut. Sehr gut.«

Das Gesicht von Meike.

Meike:
»Und ich? Ich bin doch viel kleiner. Wie komm ich denn hier raus?«

Der alte Mann ergreift einen Ast und reicht ihn zu Meike in die Grube hinab.

»Hier, halte dich fest. Ich ziehe dich hoch.«
Steffen:
»Nein das geht nicht. Das hab' ich auch schon versucht. Und dann bin ich reingefallen.«

Doch Meike hat schon längst den Ast ergriffen und klettert mit den Füßen nach oben, während der alte Mann sie mit dem Ast unterstützt.
Die Kinder bedanken und verabschieden sich und halten einen kurzen Augenblick inne.

Der alte Mann:
»Ja, was gibt's denn noch?«
Steffen:
»Ich weiß auch nicht, aber irgendwie ...«
Alter Mann:
»Ach so. Ja natürlich sehen wir uns wieder. Aber nun lauft erst mal los.«

Die Kinder laufen bewußt vorsichtig zu ihren Eltern und erzählen beide zur selben Zeit von ihrem Erlebnis, so daß die

Eltern im Grunde überhaupt nichts verstehen.

Der Vater:
»Meine Güte, nacheinander. Es ist ja nicht auszuhalten... O Gott, war das schön ruhig eben!«

Steffen und Meike berichten kurz von ihrem Abenteuer, die Eltern gehen aber davon aus – dies sieht man deutlich an den Blicken, die sie sich zuwerfen – daß sie der Schilderung neunzig Prozent Kinderphantasie unterstellen. Parallel werden Decke und Picknick-Utensilien im Wagen verstaut. Man steigt ein und fährt weiter.

Der alte Mann hatte nichts Neues in die Welt der Kinder gesetzt. Er hatte nur auf etwas hingewiesen, was den Kindern nicht sofort ins Auge fiel.

Der alte Mann ist in diesem Beispiel mit der Intuition zu vergleichen.

(Drehbuch-Auszug einer Arbeit des Autors für Steigerwald Arzneimittelwerk GmbH, Darmstadt
Titel: »Der märchenhafte Steigerwald«)

Sind wir in einer Falle, in einem Problem gefangen, so haben wir oft den Blick für die Realitäten verloren. Unsicherheit und Angst haben uns Sand in die Augen gestreut und verhindern den Blick zur einfachen Lösung.

Hier ist es besonders wichtig, die Gedanken klar zu halten und durch Vertrauen in die eigene innere Stimme positive Ideen zu erzeugen. Das Verhältnis zum Selbst ist hier gefragt und gefordert. Unser Selbst ist unser wichtigstes Gut, denn darin ist das Urwissen enthalten, welches sich im Laufe der menschlichen Entwicklung gebildet hat

Mit Urwissen ist nicht gemeint, daß wir wissen, wie spät es ist, oder das Ergebnis von 2 + 2 kennen. Hier geht es um andere Dinge. Urvertrauen und Urwissen, die wir so stark in uns spüren, daß wir nicht nach Beweisen verlangen.

Aber wenn wir soviel wissen über die Möglichkeiten, unser Leben zu gestalten, die Perspektiven, die sich uns durch die Arbeit mit uns und anderen ergeben, dann wird es doch höchste Zeit, daß den Menschen klar wird, was zu tun ist, um glücklich zu sein.

Da Sie mit ziemlicher Wahrscheinlichkeit ein Mensch sind, der möglichst viele positive Gefühle und Glück erleben möchte, suchen Sie als aufmerksamer Typ auch immer wieder nach neuen Anregungen für Ihre Zukunftsgestaltung. Die Zukunft wird allerdings in der Gegenwart geformt mit Zutaten aus der Vergangenheit.

Zeit ist Vision. Unwirklich. Nicht greifbar. Nicht einfrierbar. Und dennoch lieben wir sie in ihrer Form von kostbaren Augenblicken.

Wir können einige Abläufe verkürzen, verzögern, dehnen oder bestimmte Dinge vor uns herschieben. Das Ergebnis wird immer dasselbe sein, so paradox dies auch klingen mag.

Lassen Sie das Leben in sich hinein. Empfangen Sie gute Inspirationen als Aufgaben, und führen Sie diese aus. Lernen Sie von anderen, aber bitte nur von deren Erfahrung, nicht von der Theorie derjenigen, die sich vor eigener Lebenspraxis drücken. Nehmen Sie die Herausforderung als Einstieg in ein harmonisches Leben an.

Geistige Gesetze praktisch angewendet

1. Der Geist, der auf eine Idee stößt, wird auch auf Mittel stoßen, diese Idee in die Tat umzusetzen

Ich sitze ruhig und entspannt in einem gut durchlüfteten Zimmer auf einem sehr bequemen Stuhl. Ich bin allein. Meine Augen sind geschlossen. Mein Mund entspannt sich zu einem leichten Lächeln. Die Sitzhaltung ist gerade. Arme und Beine sind locker.

Meine Gedanken:
»Der Geist, der auf eine Idee stößt, wird auch auf Mittel stoßen, diese Idee in die Tat umzusetzen. Ein kraftvoller Gedanke, der mir Mut gibt, erfolgversprechende Ideen für mein Leben zu entwickeln.

Ich öffne kurz die Augen und sehe vor mir auf dem Tisch einen Notizblock mit einem Kugelschreiber.

Meine Gedanken:
»Um meine Ideen sichtbar zu machen und schriftlich festzuhalten, liegt vor mir ein Notizblock mit Kugelschreiber. Niemand schafft es, sich weißes Papier vorzustellen und es flüchtig anzusehen, ohne den Wunsch zu entwickeln, darauf Ideen zu notieren. Dieser innere Wunsch führt zur Eingebung, die vom Geist in Aktivität der Hand umgesetzt wird und zum Aufschreiben eines wichtigen Bausteins für das zukünftige Leben führt.«

Ich schließe meine Augen und stelle mir vor, ich bin auf einer Sommerwiese. Die Sonne scheint, der Himmel ist blau.

Die Vögel singen ein Lied der Lebensfreude.

Ich atme tief und gleichmäßig und rieche die Energie der intakten Natur.

Meine Gedanken:
»Wenn ich Natur-Energie einatme, atme ich auch Kraft für mein Leben ein. Kraft, die mir Ideen bringt. Ideen für mich und meine Umwelt.«

Ich sehe vor meinem geistigen Auge meinen Sohn Gordon.

Er sitzt in seinem Zimmer und schreibt.

Meine Gedanken:
»Gordon hat mir am Telefon erzählt, daß er Kurzgeschichten schreibt und demnächst mal eine an einen Verlag schicken möchte.«

Ich sehe mich, wie ich ein Buch von Kristiane Allert-Wybranietz in der Hand halte.

Meine Gedanken:
»Kristiane hat ein Buch herausgegeben – ›Wie finde ich den richtigen Verlag?‹ Dieses Buch könnte auch Gordon die Möglichkeit geben, selbst Kontakt zu Verlagen aufzunehmen und seine Arbeiten anzubieten. Mit vierzehn Jahren ist es sicherlich recht früh, aber man kann nie früh genug anfangen zu denken, zu schreiben und Kontakt zu anderen aufzunehmen.«

Ich öffne meine Augen und schaue auf den Notizblock. Meine Hand nimmt den Kugelschreiber und notiert folgendes:

1. Das Buch von Kristiane Allert-Wybranietz an Gordon schicken.
2. Im Brief an Gordon darum bitten, daß er mir einige

seiner Kurzgeschichten zusendet.

3. Selbst Kurzgeschichten als Gutenachtgeschichten für Kinder schreiben und aus dem Fundus entwickeln, der in mir verankert ist. Schließlich habe ich meinem Sohn Sascha, der jetzt viereinhalb ist, schon mindestens zweihundert oder dreihundert Geschichten erzählt.
4. Welcher Verlag könnte sich für das Kindergeschichten-Buch interessieren?
5. Meine Frau ansprechen, damit sie in dieses Buchprojekt vielleicht ihre Geschichten mit einbringt und wir ein gemeinsames Werk erarbeiten.

Ideen, die einem also im Zustand einer gewissen Entspannung kommen, kombiniert durch friedvolle Gedanken, müssen sofort notiert werden. Wie oft habe ich versucht, mich an bestimmte Ideen, die mir so wertvoll erschienen, daß ich sie niemals vergessen könnte, später wieder zu erinnern. Es war nicht möglich. Seitdem habe ich auch auf dem Nachttisch einen Block und einen Stift, und wenn ich durch eine Idee einen gewissen Antrieb zum Schreiben verspüre, knipse ich die Nachttischlampe an und mache mir eine Notiz. Ich habe spaßeshalber am nächsten Morgen versucht, mir die notierten Gedanken in Erinnerung zu rufen. Nichts von alledem war für mich rekonstruierbar. Es tat mir gut zu wissen, daß ich nach dem Notieren völlig entspannt weiterschlafen konnte. Der Gedanke war festgehalten. So durfte ich loslassen und tief schlafen.

Übung 4: Ideen sammeln

Entwickeln Sie Ideen. Denken Sie an Ihre Wünsche und schreiben Sie alles auf, was Ihnen dazu einfällt. Ohne Kritik alles notieren. Sortieren können Sie später. Dann werden Sie festlegen, welche Ideen Sie in Ihren Aktionsplan übernehmen.

2. Um Taten zu sehen, werde ich genaue Vorschläge machen und ebenfalls Alternativen zur Durchführung anbieten

Aufgeschriebene Ideen sind dazu da, ausgeführt und verwirklicht zu werden. Aber vorher müssen wir diese Ideen noch in Gedanken durchspielen, die Vorteile und Konsequenzen überdenken.

Ist die Idee eine Anschaffung, zum Beispiel ein schnelles Auto, so genügt es nicht zu wissen, daß der Kaufpreis vom Konto abgebucht werden kann, es ist auch zweckvoll, sich über die Folgekosten und über weitere Details Gedanken zu machen.

Ist der Wunsch der Kauf eines Tieres, so genügt es nicht, nur an die niedlichen, putzigen Seiten zu denken, sondern auch die Pflichten, die so eine Anschaffung mit sich führen, müssen überlegt sein und in ihrer Konsequenz begriffen werden.

Das geht nur, indem man die Situation in Gedanken vor dem geistigen Auge durchspielt.

Ich sehe mich mit einem Hund auf unserem Grundstück toben und spielen.	
	Meine Gedanken: »Ist das herrlich. Wie sich dieser Hund freut. Es macht mir wahnsinnigen Spaß, dies zu erleben, und es tut dem Hund und mir auch körperlich sehr gut.«
Ich sehe meine Frau in der Terrassentür, wie sie unseren Hund ruft und er sofort zu ihr läuft, da er sein Fressen bekommen soll.	
	Meine Gedanken: »Jetzt sah er so ähnlich aus wie der Hund von Herrn Schmidt in Spanien.«
Meine Frau und ich und unser Sohn Sascha gehen über den Zigeunermarkt in Nerja.	
	Meine Gedanken: »Können wir unseren Hund überhaupt mit nach Spanien nehmen, so daß er dort auch gut versorgt ist und nicht nur Streß hat? Oder sollten wir ihn lieber hier in Hamburg bei Freunden oder in einem Pflegeheim unterbringen?«
Ich sehe meine Frau, wie sie mit mir einen Waldspaziergang macht (Erinnerung).	
	Meine Frau:

»Weißt du, ich hätte schon sehr gern wieder einen Hund. Ich glaube, auch Sascha würde sich freuen. Aber man ist ja so angebunden und weiß nicht, wohin mit dem Tier, wenn man mal verreisen will.«

Das Durchspielen der Gedanken, das Abwägen von Für und Wider braucht seine Zeit, um die richtigen Entscheidungen zu treffen. So empfehle ich Ihnen, lieber einmal mehr eine bestimmte Situation zu visualisieren und damit konkret etwas dafür zu tun, daß Sie die möglichst richtige Entscheidung erarbeiten.

Übung 5: Die richtigen Entscheidungen

Suchen Sie nach Alternativen und besseren Vorschlägen für Ihr zukünftiges Vorgehen, besonders beim »Durchboxen« von Ideen. Wen haben Sie »auf Ihrer Seite«, wen gilt es zu gewinnen?

3. Sauber geschriebene Arbeit führt zu klarem und genauem Denken

Die Gewohnheit, Gedanken zu entwickeln, aufzuschreiben und weiterführende Ideen in Aktionspläne zu setzen, wird zukünftig auch Ihre Handschrift verändern. Ihre Aufzeichnungen werden sauberer, schöner und von Ihnen auch zunehmend mit Genuß geschrieben. Sie werden also Spaß daran finden, Ihre Ideen sichtbar zu gestalten. Das führt dazu, daß Ihnen alles leichter von der Hand geht, was mit schriftlicher Abwicklung zu tun hat.

Und wenn Sie sich vornehmen, jemandem einen Brief zu

schreiben, dann werden Sie merken, daß Sie beim einen oder anderen auch mal eine Seite mehr schreiben, da Sie automatisch mit der Gewohnheit zu schreiben auch die Gewohnheit erwerben, leichter mehr Gedanken schriftlich umzusetzen.

Seitdem das Telefon existiert und der Computer erfunden wurde, braucht man kaum noch mit der Hand einen Brief zu schreiben. Viele Manager schreiben als einziges noch ihren Namen. Und auch die Unterschrift ist teilweise so verfremdet, daß man sie nicht mehr entziffern kann.

Textverarbeitungssysteme kombiniert mit Computern sind, genau wie die Taschenrechner, zur Erleichterung unseres Gehirns erfunden. Warum mit Kopf und Hand schreiben, wenn es per Textverarbeitungssystem wesentlich schneller und präziser und lesbarer geht? Warum mit der Hand ausrechnen, wenn es per Rechner in Bruchteilen von Sekunden hundertprozentig genau geht?

Machen wir uns aber bitte nicht abhängig von dieser Technik. Schreiben wir an einen lieben Menschen, an Verwandte, Bekannte oder auch Unbekannte ab und zu einen Brief mit der Hand. Die Handschrift sagt noch etwas über den Kern unserer Persönlichkeit, ein Computer-Brief vermittelt nur den Eindruck von Massenabfertigung.

Kein Chef kann sich heute leisten, tausend Briefe mit der Hand an seine Kunden zu schreiben. Aber ein kurzer Satz am Ende des Briefes kann doch vielleicht den Eindruck vermitteln, daß hier von Mensch zu Mensch kommuniziert wird.

Wenn Sie morgens Ihren Briefkasten öffnen und sich die eingehende Post ansehen, werden Sie wissen, daß der handgeschriebene Brief eine Seltenheit geworden ist.

Die meisten Leute begründen es mit der Pauschallüge: Ich habe keine Zeit! Ich möchte mich in diesem Zusammenhang gern wiederholen und sagen: Das ist eine Lüge!

Beim Telefonieren ist es ähnlich. Herr X ruft Herrn Y an und läßt Herrn Z von Herrn A grüßen. Das heißt, es reden zwei Leute miteinander, weil zwei andere es nicht zu schaffen scheinen, einander per Telefon zu erreichen.

Lassen Sie sich nicht auf diese Art von Kommunikation ein. Wenn Sie jemanden erreichen wollen, rufen Sie ihn ganz spontan an. Ihre Ideen haben das schon skizziert. Aber setzen Sie auch Ihre Ideen um. Rufen Sie an. Schreiben Sie. Oder machen Sie persönlich einen Besuch.

Erfolgreich sein kann nur der, der auf andere zugeht, genau wie er vorher auf sein eigenes Inneres zugegangen ist. Man erfährt nur etwas von denen, auf die man zugeht.

Auf Reisen stellte ich immer wieder fest, daß ich im Hotelzimmer, das ich vielleicht durch sehr spätgewordene Dreharbeiten erst um einundzwanzig oder zweiundzwanzig Uhr aufsuche, Briefpapier auf dem Schreibtisch vorfinde. Ich setze mich hin und habe innerhalb von fünf Minuten eine Seite mit ein paar Gedanken für einen Menschen geschrieben, der es mir wert ist.

Fünf Minuten reichen aus, um ein paar Gedanken handschriftlich – mit einem lieben Gruß versehen – aufzuschreiben. Wenn man es besonders gut machen will, braucht man vielleicht eine Viertelstunde. Wer aber sagt, er hat nicht fünf Minuten oder eine Viertelstunde am Tag, der gibt damit preis, daß er nicht in der Lage ist, seinen Tag zu planen.

Ehrlicher wäre vielleicht, wenn er sagen würde: »Lieber Freund, du bist mir unwichtig, ich interessiere mich gar nicht für dich. Und deswegen habe ich auch gar keine Lust, mir die Mühe zu machen, für dich einen Brief mit der Hand zu schreiben.« Das wäre ehrlich, aber viele mögen diese Ehrlichkeit nicht, da der andere ja nun wiederum etwas besonders Negatives denken könnte. Dabei würde genau dieses Negative der Realität entsprechen.

Schreiben Sie den Menschen, die Ihnen etwas bedeuten, ruhig ab und zu einen Brief mit Ihrer Handschrift. Maschinengeschriebene Briefe sind von der Mechanik immer gleich. Ein handgeschriebener Brief hat die Konturen Ihres Wesens, besitzt eine ganz individuelle Aussagekraft und trägt das Siegel Ihrer Persönlichkeit.

Übung 6: Briefeschreiben

Schreiben Sie jeden Tag einen handschriftlichen Brief. An einen Verwandten, Bekannten usw. Oder einem Mitarbeiter an seine Privatadresse. Lassen Sie alte Bekanntschaften dadurch wiederaufleben.

4. Seelenfrieden erlangt man dadurch, daß man vorhandene Probleme löst

Seelenfrieden. Was soll denn das sein – außer Wunscherfüllung? »Komm, hier hast du deine hundert Mark, dann hab' ich meine Ruhe!« Nein, das ist damit nicht gemeint. Seelenfrieden bedeutet mehr. Es bedeutet, daß Ideen und Realisierung sich die Waage halten. Und dazu gehört auch, daß eine negative Stimmung, die uns selbst entspringt, aufgefangen werden kann. Denn auch negative Stimmungen sind Botschaften, unsere Handlungen dementsprechend auszurichten.

Warum haben so viele Menschen Angst davor, daß andere sie nach ihren wahren Gedanken beurteilen?

»Nicht, daß du jetzt denkst, daß ich dich nicht mag. Nein, das ist wirklich nicht so.« Ein oft benutzter Ausdruck, der eigentlich nur den Satz bestätigt, der da heißt: »Wer sich verteidigt, klagt sich an.«

Wir sollten bei auftretenden, schwierig erscheinenden Problemen immer so verfahren, daß wir zehn Prozent der Energie und Zeit auf die Analyse des Problems verwenden und neunzig Prozent für positive Gedanken, also Lösungsansätze. Denn wenn wir zu sehr an ein Problem denken und diese Gedanken sich verselbständigen, vermehren wir das Problem und arbeiten gegen seine Lösung. Wenn wir aber nur ein Zehntel für Problemanalyse verwenden und neun Zehntel für Lösung, dann sind wir in der Lage, unser Leben zu verbessern und erfolgreich zu sein.

5. Träume sind nur sinnvoll in Verbindung mit Verwirklichungs-Ideen

Idole, Stars und Prominenz. Fast alle träumen wir in der Jugend von unseren Lieblingen, sie in Filmen zu sehen, auf Schallplatten zu hören und deren Fotos auf unseren Tapeten kleben.

Träume sind sehr wichtig. Der Traum vom Fliegen ist der Grundgedanke, der es dem Menschen ermöglicht, Flugzeuge zu bauen und relativ sicher zu starten und zu landen. Hätte es diesen Traum nie gegeben, würde der Mensch nicht fliegen können. Er kann es ja auch heute noch nicht selbst. Er mußte eine Maschine entwickeln, in die er einsteigt und die er zum Fliegen gebaut hat.

Der Mensch selbst kann eigentlich überhaupt nichts. Er kann nur aufgrund seiner geistigen Fähigkeiten Technik bauen, die für ihn bestimmte Dinge tut. Der Mensch ist ein sehr hilfloses Wesen. Ohne die Schafwolle oder synthetische Kleidungsproduktion würde er wahrscheinlich nur zusammengekauert an irgendeinem Felsvorsprung sitzen und sich seiner Ängstlichkeit hingeben.

Manche haben sogar Angst vor menschlichem Kontakt. Sie reagieren nach dem Motto: Bloß nicht andere kennenlernen, es könnte ja schön und harmonisch sein. Daraus resultiert natürlich nicht nur die Angst vor anderen, sondern auch die Angst vor sich selbst. Denn die Angst vor anderen ist die Angst vor sich selbst.

Wer Träume hat, hat in sich konkrete Vorstellungen. Er sieht das vor dem geistigen Auge, von dem er möchte, daß es Realität werde. Aber der Traum ist ebenfalls schon ein Stückchen Realität.

So kann ich also Träume als Postkarten, als Ansichtskarten deuten, die mich von einem Freund aus einem fernen Land erreichen – und unten drunter steht: »Besuch mich doch bitte.«

Wer dann wieder Gründe findet, warum das nicht geht, will eigentlich gar nicht den Traum und die Reise erleben. Natürlich ist es nicht immer möglich, am selben Tag die Koffer zu packen und für acht Wochen in ein Urlaubsparadies zu reisen. Aber es muß ja auch nicht immer alles sofort geschehen. Ein bißchen Beschäftigung mit den Wünschen, die uns spontan in den Kopf kommen, ist auch ein Genuß.

Machen Sie es sich so oft wie möglich mit angenehmen Gedanken gemütlich. Wie in einer Runde mit netten Freunden oder Bekannten, nur daß Sie die Gedanken zu Ihren ständigen Begleitern machen können, auf die Sie stolz sein sollten. Ihre Berater stehen Ihnen immer zur Seite, wenn Sie die Gedanken motivieren, konstruktiv zu sein. Positives Denken ist immer wieder die Grundlage für positives Handeln.

Verwirklichungs-Ideen sammeln und aufschreiben, gibt in zeitlicher Folge Ihrem Wunsch bereits die erste Kontur. Ein aufgeschriebener Wunsch ist schon ein Stück Wirklichkeit auf einem Blatt Papier und wiederum die Grundlage für daraus entstehende Aktivitäten.

Es heißt so schön: »Der Weg ist das Ziel.« Und das bezieht sich auch aufs Wünsche-Realisieren. Einen schönen Traum genießen und ausführlich erleben, ist doch schon ein Moment wie ein Geschenk. Wir sehen das, was wir so gerne hätten, in aller Deutlichkeit vor uns, und unser Herz schlägt mit einer bereits erzeugten Vorfreude etwas schneller.

Das ist die Schubkraft und magnetische Strömung der Begeisterung, die wir brauchen, um aus Träumen erlebbare Gegenwart zu machen.

Was träumen Sie gerade?

Vom Urlaub, auf einer einsamen Insel? Von einem lieben Menschen, der Sie in den Arm nimmt und Ihnen Geborgenheit vermittelt? Von dem Augenblick, in dem das erste Mal Vögel zu Gast in ihrem Futterhäuschen sind und Sie dies auf Ihrem Balkon miterleben? Oder träumen Sie davon, im Lotto zu gewinnen und einen Monat lang nur durch die Kaufhäuser zu gehen und Bestellscheine zu unterschreiben? Und nach wenigen Wochen stellen Sie fest, daß Ihr Haus nicht groß genug ist, um all die Dinge zu beherbergen, Sie aber kein Geld mehr haben, ein größeres Haus zu kaufen.

Nein, ich glaube, das hat nichts mit innerer Wunschrealisierung zu tun. Das kann nicht unter »Träume werden Wirklichkeit« verstanden werden. Ein Traum kommt von innen und wird sich immer mehr auf Ihre Gefühlswelt beziehen als auf Äußerlichkeiten. Alles, was Sie sich erträumen, hat nur den Zweck der Richtungsangabe für Ihre Handlungen. Außer es handelt sich um Alpträume, und auch diese sind Vorboten und Hinweisschilder für Ihren weiteren Lebensweg mit Sorgen, Befürchtungen oder – positiv ausgedrückt – menschlichem Verlangen. Nach einer lebendigen Gefühlswelt, Glück, Frieden und Liebe.

6. Opposition entwickelt Stärke und fördert

Lassen Sie sich nie durch die Hilflosigkeit des Dagegenredens anderer Menschen von Ihren Zielen abbringen. Trennen Sie sich auch nur vom Anflug des Gedankens, es allen Menschen recht machen und dabei auch noch Ihr individuelles Glück genießen zu können. Orientieren Sie sich an Ihren eigenen Träumen in Verbindung mit den Ratgebern Intuition und Begeisterung. Dann werden Sie vor sich selbst besser dastehen und letztendlich auch anderen ein zuverlässigerer Partner sein.

Orientierung aus Ihrer eigenen Persönlichkeit – das ist der Schlüssel der Menschenbehandlung. Wenn Sie ein Mensch sind, der gern möglichst harmonisch mit anderen umgehen möchte, aber schon seinen Vorsatz bricht, wenn er vom ersten besten negativ angesprochen wird, dann warten Sie insgeheim immer nur auf die Gelegenheit, aus der Rolle zu fallen.

Wenn ich also der Meinung bin, man soll nett zum Bedienungspersonal sein, und ich pöble den Kellner direkt nach seiner negativen Reaktion an, dann hilft mir auch der Deckmantel nichts, daß der andere schließlich zuerst den verbalen Stein geworfen hat. Unsere Fähigkeit zum Selbstbetrug kennt keine Grenzen.

Hören Sie auf, sich täglich zu belügen. Seien *Sie* wenigstens der einzige Mensch, der Ihnen selbst ehrlich und offen gegenübersteht. Seien Sie Ihr zuverlässiger Partner. Nur so können Sie auch von anderen erwarten, daß sie Ihnen Respekt zollen und Glauben schenken.

Denken Sie daran, daß über den Wolken immer die Sonne scheint. Ganz egal, wie schwarz und düster der Himmel aussieht. Und wenn Ihnen jemand gegenübersteht und Sie so richtig zur Schnecke macht, dann liegt es ganz allein an Ihnen, ob er das schafft, sie allein bestimmen über Erfolg oder Mißerfolg seiner Aktion. Es gibt keine Situation, aus der Sie nicht eine zufriedenstellende Lösung für sich machen könnten.

Herrn Stein ist es passiert, daß er von seinem Chef in abschreckender Weise »zur Sau« gemacht wurde. Vorwürfe über Vorwürfe, teilweise sehr verletzende, schlugen auf Herrn Stein nieder. Je ruhiger Herr Stein blieb, desto wutentbrannter suchte der Chef immer neue Worttiraden der Zerstörung in seinem Gedankenarchiv. Als er fertig war, sagt Herr Stein: »Sie haben recht. Ich werde das, was Sie mir gesagt haben, überdenken und dann morgen dazu Stellung beziehen.« – »Sie?« fragte der Chef. »Sie Pfeife! Sie können sich ja noch nicht einmal verteidigen!«

Herr Stein drehte sich mit dem Anflug eines Lächelns um und ging. Für ihn war alles gesagt. Der Chef hatte sich Luft gemacht, und er hatte es zur Kenntnis genommen. Noch am selben Abend rief der Chef zu Hause bei Herrn Stein an und entschuldigte sich dafür, daß er seine Wut an ihm ausgelassen hatte.

Hätte Herr Stein im Gespräch gleiche Aggressionen dagegengesetzt, wäre es nie zu dieser Reaktion des Chefs gekommen. Im Gegenteil, der Chef hätte das Gefühl, endlich hinter die wahren Gedanken seines Mitarbeiters Stein gekommen zu sein. So war aber die Situation geschlichtet und konstruktive Zusammenarbeit wieder möglich.

Bei Ehepaaren verlaufen ab und zu Gespräche ähnlich. Meist fühlt sich einer der Partner in seiner augenblicklichen Situation überfordert. Oft ist auch die sinkende Aufmerksamkeit eines Partners und die daraus resultierende Angst, die Liebe des anderen scheine weniger zu werden, die Ursache. Man findet vielleicht nicht den richtigen Zeitpunkt, miteinander ins Gespräch zu kommen und anstehende Probleme zu klären, so kommt es zur Auseinandersetzung: Die nicht verschlossene Zahnpastatube bringt es ans Tageslicht. »Es genügt doch, daß ich dir die leere Bierflasche abends wegräume. Ich muß dir doch nicht auch noch die Zahnpastatube verschließen. Aber ich spüre schon lange, was mit dir los ist...«

Wenn auf diese Äußerungen die Aggression des Partners draufgesetzt wird, haben beide ihren Erfolg – nur mit negativem Vorzeichen.

Chancen für einen harmonischen Gesprächsverlauf sehen anders aus: »Oh, entschuldige Schatz, ich bin mit meinen Gedanken wirklich nicht ganz bei der Sache zur Zeit. Ich hab' da ein Problem, über das ich sehr gern mit dir reden möchte. Vielleicht kannst du mir aus deiner Sicht einen kleinen Tip geben. Du weißt doch, wie wichtig mir dein Urteil ist.«

Auch hier wird wieder der anfänglichen Aggression des anderen positiv begegnet. Wäre die Reaktion auch eine Attacke gewesen, würde die Lösung eines zufriedenstellenden Gespräches vielleicht so lange auf sich warten lassen, bis die Fronten noch mehr verhärtet wären.

Opposition ist ein Geschenk des Himmels, auf das wir noch nicht einmal reagieren müssen. Jedenfalls nicht so, wie der andere es gern möchte. Wir bleiben auf unserer Ebene und machen uns nicht zum Spielball der anderen. So sind wir gefestigt, gegen die Angriffe von außen sicher, und erhalten durch unsere harmonische Ausstrahlung die Achtung sowie das Interesse der vormals vermeintlichen Gegner.

Aus der gewonnenen Stärke heraus läßt sich wiederum unser Handeln besser in Einklang mit der Zielverwirklichung bringen. In jeder Opposition sehen wir zukünftig eine Herausforderung, Menschenkenntnis und innere Stabilität zu trainieren.

7. Jeden Tag werde ich zielbewußter und schöpfe mehr Ideen aus mir

Dieser Satz hat etwas mit Selbstvertrauen zu tun, aber auch mit einer Anforderung an die eigene Person. Hinzu kommt der feste Glaube daran, daß es auch wirklich von Tag zu Tag in jeder Hinsicht immer besser und besser wird.

Wenn wir uns mit unseren Wünschen beschäftigen und aus Ideen Aktionspläne machen, so muß eigentlich noch einmal nachdrücklich auf die Notwendigkeit des Aufschreibens hingewiesen werden. Die Fülle von Ideen, die sich inspirativ in Ihr Gedankengut begibt, muß unbedingt auf dem Papier festgehalten werden. Und zwar ungeordnet, so wie die Ideen kommen. Jeden Tag.

Ebenfalls täglich müssen diese Gedanken – man kann sie auch Eingebungen nennen – Ihren Zielen zugeordnet werden. Prioritäten müssen gesetzt werden. Das Wichtige wird zuerst angegangen. Aber auch die leichter umzusetzenden Ideen sollten rasch in »Angriff« genommen werden, damit schneller der Erfolg sichtbar wird. Der richtige Mann zur richtigen Zeit an der richtigen Stelle: drei Faktoren, die sich zum Erfolg ergänzen.

Wenn ein Unternehmer einen leitenden Angestellten sucht und dieser vielleicht weit weg in einer anderen Stadt wohnt, nützt er ihm nichts. Und auch der Angestellte hat nichts von der Existenz der Firma, wenn er sie nicht kennt. Am Beispiel des Arbeitsmarktes läßt sich hier Kommunikation natürlich über die Stellenanzeigen und Arbeitsplatzbeschreibungen durch Unternehmensberatungen erreichen. Aber das ist immer nur der erste Schritt. Danach muß man durch Persönlichkeit und Stärke das Einstellungsgespräch bestehen.

Gehen Sie jeden Tag einen Schritt weiter auf Ihre Ziele zu. Zuerst in Gedanken, dann auf dem Papier und dann mit Taten. Die Illusion der Gegenwart ist nur der Anflug eines Augenblicks. Die Illusion der Vergangenheit und Zukunft sind noch abstrakter und lassen sich ja wiederum nur mit Gedanken der Gegenwart erfassen. Das heißt, Vergangenheit ist Gegenwart und Zukunft in einem Augenblick.

Und ständig formen wir die Vergangenheit. Erinnern Sie sich an frühere Zeiten. Es wird Ihnen viel mehr Gutes in Erinnerung geblieben sein als Negatives.

In den Schulferien schien eigentlich, jetzt im Rückblick gesehen, immer die Sonne. Stunden der Entbehrung und des Schmerzes haben wir zwar nicht völlig aus unserem Gehirn gestrichen, aber wir schauen mit einem Lächeln in diese bestimmten Schubladen hinein. Jeden Tag haben Sie die Möglichkeit, aus eigener Kraft auf Ihre Ziele zuzugehen. Sie sind der Schöpfer Ihres Lebens und müssen sich dazu noch nicht einmal überreden lassen. Genau wie Sie von selbst atmen, um zu leben, entwickeln sich von selbst Gedanken.

Aber genauso, wie Sie bewußt atmen können, um für Körper, Geist und Seele viel zu tun, können sie auch vorsetzlich Gedankenkombinationen erzeugen und daraus Aktivitäten entfalten, die Ihren großen Erfolg vorbereiten. Zielbewußt, schöpferisch aus der Mitte Ihrer Persönlichkeit.

Es wird soviel von der Mitte gesprochen. Was ist die Mitte? Meiner Meinung nach kann es nur der Punkt sein, an dem unsere Möglichkeiten zsuammenfließen. Wir sind also nicht am Rande der Vorgaben für unsere dahinsiechende Existenz, sondern jeden Tag in der Mitte der sich uns bietenden Möglichkeiten für unser subjektiv erlebtes und individuell zu gestaltendes Leben.

Natürlich darf die Selbstentfaltung nicht in Streß ausarten und unter zu starkem Druck geschehen, so daß der Widerwille genauso nah ist wie die Wünsche. Aus der Mitte heraus haben wir aber die Wahl, in welche Richtung wir uns bewegen.

Da schließt sich der Kreis auch schon wieder zum Tagesplan. Jeden Tag müssen wir immer wiederkehrende Dinge verrichten: das Aufstehen, das Zähneputzen, das Waschen, das Frühstücken, das Erstellen eines Tagesplanes mit zu erfüllenden Aktivitäten, und auch Leerzeiten, auf die Sie ein Recht haben, die Sie zur Entspannung, zur Neuorientierung benötigen, sind Elemente, die uns unserem Kern näherbringen.

Die Stille als heilendes Element und Geschenk der Feierlichkeit darf auch großzügig mit in unsere Zeit eingeplant werden. Selbst ein Tag, an dem man sich nichts besonderes vornimmt, ist, als Baustein eines Monats gesehen, ohne weiteres integrierbar.

Ungeplantes als Teil des Tagesablaufs ist wesentlich sinnvoller als ein Dahinleben und andere über die eigene Zeit bestimmen zu lassen. Beschenken Sie sich jeden Morgen mit einem angenehmen Tagesbeginn. Sorgen Sie dafür, daß Sie Ihre innere Uhr einstellen und, ein paar Minuten bevor der Wecker klingelt, bereits erwachen. Sollten Sie Probleme damit haben, so schaffen Sie sich eine akustische Weckatmosphäre, die Ihnen behagt. So mancher Tag beginnt durch das fürchterlich schrille Weckgeräusch mit Sich-erschreckt-Fühlen, mit negativen Empfindungen.

Automatisch wird man etwas länger benötigen, um in die allmorgendliche gute Laune hineinzukommen. Auch eine kleine Morgengymnastik, verbunden mit einer kurzen Atemtechnik schafft Lebensfreude. Der Kreislauf weckt jeden versteckten Winkel im Körper, und Ihr Herz pumpt das Blut schon morgens im Takt der Liebe. Dazu ein paar frische Gedanken und Visionen von Sommerwiese, Wald und Meer. Besser kann der Tag doch nicht beginnen! Und diese erzeugte Stimmung wird Ihnen den ganzen weiteren Tagesablauf zur Seite stehen und Ihnen das Fluidum eines glücklichen Menschen verleihen. Und das an möglichst vielen Tagen als Unterstützung für die Entwicklung von Zielbewußtsein und Gedankenschöpfung.

8. Erfolg ist die Gewohnheit, sich auf dem richtigen Weg zu befinden, bis man sein Ziel erreicht hat

Und dann ist er da, der Erfolg. Vielleicht zuerst in kleinen Dingen. Ich wünsche es Ihnen sogar, daß Sie in kleinen Dingen eine Erfolgsgewohnheit entwickeln. Dann wird sich diese Fähigkeit auf die großen Vorhaben übertragen.

Die kleinen Dinge sind oft die großen. Das sieht man daran, daß im negativen Sinne oft eine kleine Panne, wie zum Beispiel ein Kabelbruch, eine Großveranstaltung »schmeißen« kann, wenn dadurch das Mikrofon ausfällt.

Die Macht der Gewohnheit ist ein wichtiger Ausspruch, der klarstellen soll, wie wichtig Wiederholungen in unserem Leben sind. Das bedeutet nicht, daß wir jeden Tag dasselbe denken und tun sollen, aber der Erfolg, das Glücksgefühl über das Erreichte ist eine Wiederholung wert und kann nur durch altes Erleben manifestiert werden.

Der richtige Weg kann natürlich auch manchmal ein Umweg sein. Denn wir müssen ja immer bereit sein zu lernen. Lernen ist die beste Möglichkeit, schneller zum Ziel zu kommen. Lernen kostet Zeit, aber schafft auch Voraussetzungen für richtiges Handeln.

Machen Sie die Erfahrung einer Erfolgsgewohnheit, und fangen Sie mit kleinen Dingen an. Das heißt nicht, daß Sie sich jeden Morgen einen Orden verleihen sollen, wenn Ihnen die

Zahnbürste beim Putzen nicht aus dem Mund fällt. Das heißt nicht, daß Sie schon deshalb glücklich sind, nur weil Sie Ihr Spiegelbild morgens trotz ausschweifendem Nachtleben wiedererkennen. Es heißt vielmehr, daß Sie in der Lage sind, aus erfolgreichem Handeln den Mut zu weiteren positiven Taten zu gewinnen.

Jeden Tag sollten Sie sich aufgrund Ihrer Lebenseinstellung Ihres Glücks bewußt sein. Jeder Tag ist ein Geschenk eines bestimmten Zeitpotentials an Sie, das es zu nutzen gilt. Aktiv und passiv, den Polaritäten des Lebens entsprechend, aber so, daß Ihr Stimmungbarometer die Erfolgsgewohnheit anzeigt. Auch Ihre Stimme muß einen fröhlichen Klang haben, und Sie sollten Wärme ausstrahlen.

9. Gedanken formen den Charakter und halten Vorfälle und Ereignisse unter Kontrolle

Kontrolle! Welch technisches, durchstrukturiertes und überwachendes Wort. Wir fühlen uns alle vom Staat kontrolliert, vom Partner, vom Chef und von den Nachbarn beobachtet. Also, was hat dieses Wort in einem Buch über Selbstverwirklichung und Lebensplanung zu suchen?

Aber da sind wir auch schon wieder beim Vergleich mit der Filmproduktion.

Gedanken müssen kontrolliert werden und automatisch einer Bewertung standhalten. Nur die guten, die positiven, die weiterführenden konstruktiven Ideen haben etwas mit unserem Wunsch zu tun.

Kontrolle ausüben heißt also in diesem Zusammenhang: das Gute vom Schlechten trennen, jedenfalls in der Drehbuchphase. Eine Szene, die etwas Schlechtes beschreibt, kann dennoch gut sein, weil sie in den dramaturgischen Ablauf eines Filmes paßt. Und auch wir müssen im Leben für Spannungselemente sorgen, für Erfolgserlebnisse, für erleichternde Situationen, die uns immer wieder klar vor Augen führen, was es heißt, ein erfülltes und interessantes, ruhiges, aber auch spannendes Leben zu führen.

Gedanken formen den Menschen. Man sieht jemandem an, was er denkt. So, wie er denkt, so ist er. Der Augenaufschlag, der verschleierte Blick setzt sich oft in den Gesichtszügen fort und verleiht dem Ausdruck eine ganz bestimmte Tendenz, die sich nicht jedem offenbart, aber vom Unterbewußtsein des Gesprächspartners empfangen wird.

Wenn es bei Ihnen an der Tür klingelt und ein Versicherungsvertreter stellt sich vor mit den Worten: »Guten Tag. Ich habe in unseren Unterlagen gesehen, daß Ihre Versicherung abläuft. Ich möchte nicht, daß Sie ohne Deckung sind, und deswegen besuche ich Sie in Ihrem eigenen Interesse, damit Sie beruhigt weiter in diesem Haus leben können«, dann ist dies sicherlich schon nach den ersten Worten als Lüge zu erkennen.

Sein Unterbewußtsein spricht zu dem Menschen ganz anders: »Ich brauch' unbedingt Geld, um die ganzen Kosten zu decken, die ich selbst verursacht habe, und erwarte von Ihnen, daß Sie möglichst viele Versicherungen abschließen und mir helfen. Denn Sie haben ja vielleicht mehr Geld als ich und können es sich leisten.«

Aber schauen wir uns auch die andere Seite an. Der Mensch, der die Tür aufmacht, hört sich den Satz vielleicht zu Ende an und erwidert dann: »Es paßt mir zur Zeit aber nicht. Ich will gleich das Haus verlassen und habe eine wichtige Verabredung. Lassen Sie uns gelegentlich doch mal telefonieren, um einen Termin zu vereinbaren.«

Was sollen wir nun davon halten? Er mag dem Versicherungsvertreter nicht seine wahren Gedanken entblößen. Aus welchen Gründen auch immer, er wählt eine Scheinursache, um damit die Flucht anzutreten. Sein Unterbewußtsein hätte vielmehr gesagt: »Haun Sie bloß ab! Ich will keine Versicherung und schon gar nicht bei Ihrer Gesellschaft abschließen.«

Warum können wir so schwer die Wahrheit sagen? Sind es nur die Repressalien, vor denen wir uns fürchten? Oder spielt sich in unserem Inneren etwas ab, was uns Unbehagen bereitet? Gedanken zu kontrollieren, um den Charakter zu formen heißt ja nicht, mit der Wahrheit über uns und das Leben vorsichtig umzugehen. Es soll vielmehr bedeuten, durch die richtigen Gedankenverbindungen, Inspirationen und Informationen möglichst eine für uns individuell gültige Meinung zu erhalten. Diese Meinung, diese Lebenseinstellung stimmt uns dann ein auf unsere Zukunft, und automatisch haben wir die größtmögliche Chance, auch die Ereignisse, die nach den Handlungen eingetretenen Zustände auf diesem Wege mitzubestimmen, zu verändern, für uns positiv zu gestalten.

Ich habe es bewußt in dieser Form ausgedrückt, daß eine Kommunikation zwischen zwei oder mehreren Menschen über ein Thema stattfindet – nur nicht immer auf derselben Ebene.

Bei einem Liebespaar beispielsweise kann ein Gespräch so ablaufen: Sie sagt: »Was machst du morgen abend?« Und er sagt: »Warum fragst du?« Würde sie sagen: »Ich möchte mit dir morgen abend gern ins Theater gehen«, könnte er darauf antworten: »Eine tolle Idee. Ich bin dabei«, oder: »Es geht aus diesem oder jenem Grunde nicht, aber können wir denn nicht nächste Woche dieses Stück ansehen und anschließend vielleicht sogar noch gemeinsam essen?«

Die Verschleierung des Wunsches im vorsichtigen Abklopfen, um einmal die Meinung des anderen zuerst zu wissen, kann man noch paradoxer in einer Einladung zum Essen wie folgt ausdrükken: »Wie würden Sie reagieren, wenn ich Sie eines Tages fragen würde, ob Sie Lust hätten, mit mir essen zu gehen? Und was, wenn ich Ihnen dann erklären würde, daß ich sehr gern italienisch esse und ganz hier in der Nähe ein hervorragendes Restaurant ist, in das ich Sie herzlich einlade?«

Sagt der in dieser Form Angesprochene: »Dann würde ich

mich freuen und ja sagen«, könnte die Erwiderung lauten: »Ich lade Sie hiermit ein.« Würde die Antwort lauten: »Dann würde ich nein sagen«, könnte die Erwiderung heißen: »Sehen Sie, deshalb frage ich auch nicht, weil ich das irgendwie spüre.«

In beiden Fällen ist hier eine Absicherung der Niederlage geschehen, die, wenn Sie als Floskel benutzt wird, um gute Laune zu demonstrieren, sicherlich ihren Eigenreiz hat. Aber wer sich so durchs Leben schummelt, um sich immer vor einer echten Gesprächssituation mit Für- und Wider-Argumenten und Alternativ-Überlegungen zu drücken, muß sich nicht wundern, wenn sich auch sein eigenes Unterbewußtsein drückt, ihm klipp und klar bei der Realisierung seiner Wünsche zu helfen.

Wenn ich an etwas denke, dann schenke ich diesem Gedanken Aufmerksamkeit. Und wenn ich ihn in seiner Konsequenz kontrolliere, ihn ausschmücke, dann lebt er in mir und formt durch seine Kraft meinen Charakter. Gedankenkontrolle ist Charakterkontrolle.

Aber auch negative Gedanken haben ihr Recht, gedacht zu werden. Jetzt werden viele Leser vielleicht sagen, was soll das nun wieder? Erst sollen wir nur positiv denken und Visionen haben und Kontrolle ausüben und nichts Negatives hereinlassen, und dann auf einmal sind negative Gedanken erlaubt. Das könnte tatsächlich sehr verwirrend sein, aber trotzdem haben sie eine wichtige Funktion. Ja, sie sind sogar zwingend in meinen Augen, denn wir müssen, um positive Gedanken kontrollieren, ausbauen, ausschmücken zu können, die negativen Gedanken kennen. Sonst wissen wir ja gar nicht, daß wir uns auf die positiven konzentrieren. Die negativen Gedanken sind während des Denkzustandes wie negative Energie-Entladungen zu sehen, die uns das Erfolgserlebnis bescheren: Diese negativen Gedanken brauche ich nicht zu speichern. Ich darf sie wieder in den Kosmos zurückschicken.

Wir müssen uns immer klar vor Augen halten, daß sich unser ganzes Leben nur im Kopf abspielt, ganz subjektiv. Wenn der Fuß weh tut, spüren wir es nicht im Fuß, sondern unser Körper existiert in allen Einzelheiten im Kopf noch einmal. Im Kopf spüren wir den Schmerz des Druckes. Ein Mittel gegen den Schmerz beeinflußt das Gehirn.

Ich will jetzt nicht auf das Thema Schmerz näher eingehen, aber dennoch an einem ganz kleinen Beispiel aufzeigen, wie das System funktioniert. Wenn ich Kopfschmerzen habe, und ich kontrolliere mein Denken so, daß ich mich vom Schmerz distanziere und mir Wohlfühlen suggeriere: »Ich fühle mich wohl, ich bin frei, ich fühle mich wohl, alles ist gut«, dann habe ich meist (Ausnahmen bestätigen die Regel) keine Zeit mehr, Schmerz zu denken und zu empfinden.

Eine andere Möglichkeit ist es, Schmerz an einer anderen Stelle zu erzeugen, der etwas stärker ist. Wir können nur eine Sache zur gleichen Zeit denken. Und diese Tatsache sollten wir zu unserem Vorteil nutzen, indem wir an das denken, was wir erreichen wollen, unsere Gedanken zu guten Wünschen zu machen, um für uns und die Menschen, mit denen wir zu tun haben, Wohltuendes zu bewirken.

10. Die unbegrenzte Macht konzentrierten Denkens arbeitet für mich mit jedem Wort und jeder Handlung

Hier taucht zum ersten Mal das Wort Macht auf. Macht. Ein Wort, das eigentlich negativ besetzt ist mit der Bedeutung: Herrschsucht, Druck, Gewalt. Aber die Macht über die eigenen Gedanken, die zur unbegrenzten Möglichkeit für das eigene Leben werden, soll Ihnen nur vermitteln, wie kraftvoll Sie als Einzelmensch mit Ihrem Denken sind.

Wenn Sie jemanden mögen, dann sind Sie nicht sonderlich kritisch. Es kann sein, daß Sie über die schlimmsten Fehler hinwegsehen: Sie mögen diesen Menschen. Und das ist ausreichend. Wenn Sie jemanden nicht mögen, dann braucht hier nur eine ganze Kleinigkeit zu passieren, und dieser Mensch hat bei Ihnen für alle Ewigkeit keine Chance mehr, Akzeptanz zu finden.

Nur ist das letztendlich dasselbe. Es ist eine falsche Projektion. Sie projizieren wie ein Filmprojektor auf die Leinwand eine bestimmte Meinung auf einen bestimmten Menschen.

»Das kannst du mir doch nicht erzählen, ich kenne dich doch.« Ein berühmter Ausspruch, den jedes Kind von seinen Eltern bestimmt wenigstens einmal zu hören bekommt. Das Kind hat in diesem Augenblick keine Möglichkeit, dagegen anzugehen, etwas zu beweisen.

Es ist relativ hilflos und wird Aggressionen entwickeln und schon ebenfalls gereizt und ungerecht reagieren, und so scheint es, als hätte der Vater oder die Mutter mit der Aussage recht.

»Mein Gott, bist du wieder aggressiv!« – »Das bin ich doch gar nicht. Du bist es!« Die Projektion des ersten hat schon funktioniert. Er schaltet seinen Projektor ein, und seine Meinung über den anderen realisiert sich. Obwohl seine Meinung über den anderen auch seine Meinung über sich selbst ist.

So einfach ist der Umgang mit Menschen. Und so schwierig erscheint er uns oft. Aber man kann es auch so ausdrücken: Da uns der Umgang mit Menschen auf einfache Art nicht zu gelingen scheint, sehen wir in ihm eins unserer größten Probleme.

Hier kommt uns die unbegrenzte Macht konzentrierten Denkens zu Hilfe. Sie arbeitet für uns mit jedem Wort und jeder Handlung. Das kann natürlich nur funktionieren, wenn wir das, was wir denken, auch sagen und tun. Niemand braucht sich zu schämen, angenehme Gedanken in Worte zu kleiden und ihnen durch Handlungen Ausdruck zu verleihen.

Also, nutzen Sie Ihre unbegrenzte Macht für Ihr Glück und Ihr Leben, und geben Sie von dieser Macht auch anderen ab. Es wird vielfach zu Ihnen zurückkehren. Nicht immer direkt von dem, dem Sie gegeben haben. Aber Sie erhalten es wieder in größerer Dosis und mit einem wunderbaren Gefühl.

11. Ich nutze meine Zeit richtig. Das, was ich tun muß, tue ich schnell und freudig

Die Zeit. Dieses himmlische Element, das nach Ansicht vieler Philosophen und Esoteriker aber nur eine Vision darstellt. Eine Vision, die uns dazu verhilft, die Polaritäten des Lebens nacheinander zu erleben. Niemand kann in einem Wartezimmer mit Schmerzen auf die Behandlung warten und zur selben Zeit auf einer paradiesischen Insel mit höchstem Entspannungsgenuß sein. Auch wird es kaum realistisch klingen, daß ein Kind, das sich soeben die Hände an der Herdplatte verbrannt hat, freudestrahlend der Mutter von seinem Erlebnis berichtet.

Wir erleben also bestimmte Bereiche im Leben doppelt. Einmal den negativen und einmal den positiven Pol. Aber an der Zeiteinteilung spüren wir auch wieder unsere Fähigkeit und Macht zur Selbstbestimmung.

Wenn ich einem Mitmenschen begegne, der mir seine Lebensgeschichte zwischen Tür und Angel erzählen will, kann das Viel-Plauderei bedeuten, ohne Sinn und weiterführende Tendenz. Wenn ich mich allerdings von meinem Zeitplan abbringen lasse, um einer behinderten Person über die Straße zu helfen, habe ich eine Menge für diesen Mitmenschen und mich getan.

Und so ist es auch mit der Zeit des Denkens. Alle Welt spricht von der Umweltverschmutzung. Ich bin der Meinung, die Umweltverschmutzung ist nichts anderes als der stoffliche Gegenwert der Innenweltverschmutzung. So sollte ein jeder zuerst seinen Geist aufräumen und für Harmonie der Seele sorgen. Danach fallen die Schritte für das besser geplante und gelebte Leben wesentlich leichter.

Wir wollen alle mit Freude leben. Das heißt, uns eine möglichst lange Zeit freuen. Aber der erste Ansatz sind schon wieder Gedankenüberlagerungen, die uns unbewußt die Frage stellen: Welchen Grund haben wir denn eigentlich, uns zu freuen. Und mit diesem Gedanken haben wir uns nicht nur den ersten Augenlick der Freude verdorben, sondern eine Konstruktion von sich aufbauenden negativen Gedanken und suchenden Energieverschwendungen hingegeben, die uns keine Freude schenken.

Freude heißt: frei sein. Freude bedeutet: Lächeln und Ausgeglichenheit, so daß unsere Mitmenschen es empfangen. Lebensfreude bedeutet Ausstrahlung von positiver Energie – wie der Blick in einen Spiegel. Wenn Sie Ihr Spiegelbild anlächeln, dann kann Ihnen dort kein grimmiges Gesicht entgegenschauen. Und zehn Sekunden Lächeln sind zehn Sekunden Lebensfreude. Eine Zeit von wenigen Augenblicken an einen lieben Menschen gedacht, sind Momente der Freude. Das, was wir aus unserem Leben mit unseren Gedanken machen, das ist der Wert unseres Lebens.

Wenn ich eben von einem Polizeiwagen geblitzt worden bin, da ich zu schnell gefahren bin, kann ich mir vorstellen, daß der Polizist kleine Kinder mit einem Fotoapparat und Blitzgerät aufnimmt und jemand sich wenige Tage später über die gemachte Aufnahme freut.

Die meisten Leute werden aber auf den Tacho schauen, die Höhe des Bußgeldes überschlägig ermitteln und zwei, drei negative Gedanken über die Polizei schlechthin formulieren.

Natürlich leben wir in einer Zeit, in der es »in« ist, keine Zeit zu haben, in der das sorgenvolle Gesicht den Erfolg symbolisch darstellt. Aber damit können wir doch Schluß machen. Das haben wir doch nicht nötig. Warum soll der Ausdruck von Erfolg ein sorgenvolles Gesicht sein? Unsere Gedanken sind wie eine Diskette im Computer-System, und der Bildschirm kann immer nur das zeigen, was entweder auf der Diskette schon gespeichert ist oder was gerade neu eingegeben wurde. Wird etwas Negatives eingegegen, so sollten wir es nicht abspeichern. Denn das Abgespeicherte ist für die Ausdrucke verbindlich.

Wenn Sie eine Idee haben und Ihre Intuition Ihnen rät, diese Idee umzusetzen, dann tun Sie es tatkräftig und freudig. Und warten Sie nicht zu lange. Es gibt bestimmte Dinge im Leben, die nur zu bestimmten Zeiten erfolgreich sind. Denken Sie nur an die Gesetze in der Natur- und Tierwelt.

Eine gute Idee, von Ihnen innerlich akzeptiert, mit Freude und Tatkraft umgesetzt, kann doch nur erfolgreich sein. Oder Sie merken auf dem Wege der Realisierung, daß diese Idee Ihnen doch nicht so viel Wert ist, wie Sie dachten. Diese Umentscheidung ist dann auch Ihr persönlicher Erfolg. Aber jetzt, heute, in diesen Tagen muß es geschehen.

Schieben Sie nicht immer alle Dinge vor sich her. Sie belasten nur und geben Ihnen täglich das Gefühl, daß Sie noch nicht alles erreicht haben. Streichen Sie auch Dinge. Trennen Sie sich von falschen Wünschen, von falschen Vorstellungen und selbstverständlich auch von falschen Ratgebern.

Die Überschrift war: Ich nutze meine Zeit richtig. Das, was ich tun muß, tue ich schnell und freudig. Diese Aussage stellt klar heraus, daß Sie selbst die Verantwortung für Ihre Planung übernehmen. Und das auch nur Sie die treibende Kraft bei der Verwirklichung Ihrer Wünsche sein können.

Natürlich sind die richtigen Ratgeber auch vorhanden, aber eben nach Ihrer Maßgabe. Sie bestimmen, wen Sie als richtigen Ratgeber bezeichnen. Und bestimmen Sie es jetzt. In diesem Augenblick. Erstellen Sie sich eine Liste von Leuten, auf deren Rat Sie etwas geben. Denken Sie auch an Menschen, die Sie sehr lange nicht mehr gesehen oder gesprochen haben. Oft ist es gar nicht notwendig, kontinuierlich miteinander umzugehen. Sehr häufig spüren wir dennoch eine intensive Verbundenheit zu einem Menschen, zu dem wir eigentlich glauben, den Kontakt schon verloren zu haben.

Wenn Sie vielleicht vor zwei, drei Jahren mit jemandem im Streit auseinandergegangen sind, schreiben Sie ihm, rufen Sie ihn an. Die Zeit hat auch hier sicherlich inzwischen für beide positiv gewirkt. Denn die negative Seite der Einheit, die haben Sie beide ja schon hinter sich. Warum soll jetzt nach einer Zeit des Abstands nicht auch die positive Seite der Polarität ihr Recht zur Gestaltung haben?

Und sagen Sie nicht, es geht nicht. Der andere könne ja schließlich auch... Nein, tun Sie's! Heute, schnell und freudig. Wir sind alle nicht frei von Fehlern. Es ist auch keine Schande, Probleme zu haben. Aber es ist eine Schande, nichts für die Lösung zu tun.

Eine der Grundlösungen all unserer Probleme ist das bessere Miteinander. Das behutsame Umgehen mit sich selbst und den Mitmenschen.

12. Ich stelle die Weichen für mein Leben selbst

Wer diesen Satz zu seinem Lebensmotto macht, der hat auch nie wieder die Möglichkeit, andere für das Fehlschlagen seines doch ursprünglich so gut geplanten Weges verantwortlich zu machen. Dieser Kernsatz drückt klar aus, was auch teilweise in schmunzelnder Form zu lesen ist: Jeder bekommt das, was er verdient. Doch nur der Erfolgreiche gibt es zu.

Nehmen Sie also Ihr Leben selbst in die Hand. Stellen Sie die Weichen für Ihr Leben selbst. Lernen Sie aus Fehlern und falschen Vorstellungen, und machen Sie daraus Lebensfreude durch das stetige und zielgerichtete Verfolgen Ihrer inneren richtigen Vorstellungen.

Die Aufgabe der Menschen auf der Erde scheint die Schaffung der Einheit zu sein. Wer nicht hat, soll haben wollen. Und wer hat, soll geben wollen. Wer friert, soll eine Decke bekommen. Wer mehr besitzt, als er je verbrauchen kann, der möge abgeben und sich an den Gesichtern der Beschenkten erfreuen. Und wenn sie eher erschrocken oder erstaunt wirken, so soll er sie durch ein Lächeln zur Freude anstiften. Diese Erfahrung wird die Basis beider positiv verändern.

Das Tagebuch eines Tages

Am Beispiel eines Tages können wir erkennen, wie viele Chancen der eigenen Weiterentwicklung in dieser Zeitspanne auf Nutzung warten. Geduldig hofft Ihr inneres Potential, daß Sie es endlich entdecken. Im wahren Sinne des Ausdrucks »die Decke wegziehen«, um zu erkennen. Selbsterkenntnis ist Erkenntnis dessen, was Ihr Leben bedeutet.

Montag, 3.30 Uhr
Die innere Uhr weckt mich, und ich stehe auf, um einen Traum zu notieren, in dem mein verstorbener Vater die Hauptrolle spielte. Danach schaue ich nach draußen und genieße das Halbdunkel, die Konturen der Bäume, die Ruhe als Teppich einer Amselstimme.

4.15 Uhr – Sonnenaufgang.
Dieser schöne Augenblick findet also jeden Tag statt. Nur nicht so schön, nur nicht so sichtbar und eindrucksvoll...

4.35 Uhr
Eine Idee schießt mir durch den Kopf. Man müßte Seminare für alle Menschen veranstalten, in allen Sprachen, alle Leute beruhigen und klarstellen, daß Hektik, Angst und Mutlosigkeit bedeutungslos sind. Kraft sollten sie tanken. Anpacken und Loslassen im Wechsel. Denken und Handeln zum Wohl eines jeden.

Sogenannte Umwelt-Gegenargumente überlagern die fast schon niedlich erscheinende Grundidee. Sie entgleitet und macht dem Vorurteil der Nichtdurchführbarkeit Platz.

Ein paar Visionen gehen in Tagträume über und schließen mit wiederkehrender Müdigkeit meine Augen. Ich sehe die Sonne des Buchumschlages »Leben im Licht« von Shakti Gewain deutlich vor mir und ziehe mich an einen angenehmen Ort in meinem Inneren zurück.

»Leben im Licht«, eines meiner Lieblingsbücher, das so deutlich macht, daß alles, was wir suchen und brauchen, in uns selbst liegt. In uns selbst heißt aber auch, daß wir es suchen, finden und auswerten müssen – als Aufgabe, das Leben zu entschlüsseln. Ich schlafe ein.

6.50 Uhr
Der Wecker klingelt und bringt akustisch etwas Druck in meinen Tagesablauf. Ein Muß ist erschienen, allerdings am Vorabend schon mit gutem Vorsatz geplant. Denn der Vorsatz, der zur Planung wird, hat durch Umsetzung eine echte Chance, Gestalt anzunehmen. Aber Gestalt annehmen heißt nichts anderes als »Ja sagen« zu dem, was ist. Die bereits latent vorhandene Gestalt zu akzeptieren.

Dies klingt für diejenigen, die intensiv dieses und andere Bücher zum Thema studiert haben, sicher logisch und annehmbar.

7.30 Uhr
Ruhe und Frühstück

8.00 Uhr
Tagesplan mit weiterführenden Überlegungen und Eintragungen für die nächsten vierundzwanzig Stunden und später.

Hier beginnt eine interessante Phase des Kontaktes mit ihrem Inneren. In dieser morgendlichen halben Stunde treffen Gedanken über Notwendiges, Gewünschtes und bereits Geplantes aufeinander und streben nach dem größten gemeinsamen Nenner. Hier werden Chancen für Veränderungen geboren und möchten auf möglichst natürliche Weise das Licht der Welt, Ihre Aufmerksamkeit erreichen. Negativ erscheinende Elemente werden gedanklich durchlebt und integriert, um sie nicht unbedingt auch noch durch praktische Erfahrung zu durchleiden.

Nun gibt es natürlich viele Menschen, die in den Morgenstunden wenig Zeit für Muße und Vorplanung mit positiven Gedanken besitzen. Die Kinder müssen umsorgt und für den Kindergarten oder die Schule »fertig gemacht« werden. In solchen Fällen kann die »Zeit für sich allein« auch auf einen anderen Tagestermin verlegt werden. Wer dann aber bemerkt, dafür überhaupt keine Zeit zu haben, der sollte lieber ganz ehrlich sein und sich eingestehen, daß er dazu keine Lust hat.

Wer sich nicht für die Planung seines Lebens wenigstens eine halbe Stunde pro Tag gönnt, der kann doch nicht ernsthaft davon ausgehen, daß andere das für ihn tun, seine Probleme lösen, seine Vorstellungen in die Tat umsetzen...

Sie können auch früher aufstehen und in aller Ruhe Ihre Ideen sammeln. Das kann Ihnen niemand untersagen. Das steht Ihnen zu. Das ist Ihre Pflicht Ihrem Selbst gegenüber.

Und auch mit Kindern und dem Ehepartner sollte man darüber reden, damit sie es als ganz natürlich empfinden und es irgendwann vielleicht für die Gestaltung des eigenen Lebens übernehmen.

Zuerst muß immer die Idee da sein, bevor eine daraus entwikkelte Skizze/Zeichnung zum Aktionsplan wird. Und diese Idee muß sich in Ruhe »entfalten« dürfen, um unter Beweis zu stellen, daß sie zu Ihnen paßt und eine Umsetzung und Durchsetzung wert ist.

Die Planung des Lebens besteht aus zwei ineinander übergehenden Schwerpunkten »privat« und »geschäftlich«, die mit Freude erfolgreich in Einklang zu bringen sind.

Ein Arbeitsloser verfügt über viel Freizeit, ist darüber aber sicherlich nicht sonderlich glücklich. Genauso unzufrieden kann jemand sein, der von früh bis spät sieben Tage die Woche schuftet und keinen genügenden Freizeitausgleich als Gegengewicht genießen kann.

So können wir davon ausgehen, daß der Mensch Beschäftigung braucht und Bestätigung seiner beruflichen Leistungsfähigkeit sucht, um in den privaten Bereich gute Stimmung mit hineinzunehmen.

Andererseits geht man berufliche Problemstellungen mit einer im Privatleben gestärkten Harmonie besser und optimistischer an. Und dies bedeutet: In Zeiten unseres Stimmunghochs sind wir

stärker	konstruktiver
ausdauernder	belastbarer
humorvoller	ausgeglichener
großzügiger	verständnisvoller
toleranter	ideenreicher
tatkräftiger	höflicher

und unsere positive Ausstrahlung arbeitet für uns. Alles geht leichter von Hand.

Fragen Sie sich und antworten Sie spontan:

Was will ich heute erreichen?
Wem kann ich heute helfen?
Für welche Aktivität ist heute der beste Tag?
Was kann ich für meine geistigen Kräfte tun?
Wie halte ich meinen Körper fit?
Welche Kosten kann ich einsparen?
Welche Ideen will ich weiterentwickeln?
Wo liegen meine Stärken?
Welche Dinge sind liegengeblieben, die ich zu Ende führen möchte?
Welche meiner Vorhaben möchte ich heute nicht weiter vorantreiben?

Da die Gedanken in ihrer Impulsgeschwindigkeit sehr schnell durch unser Gehirn gehen, läßt sich auch die halbe Stunde am Morgen besonders effektiv nutzen. Wir notieren nur stichwortartig die wichtigsten Elemente. Wenn wir uns einen Kurzbegriff notieren, können wir uns beim wiederholten Lesen sofort an den Zusammenhang erinnern.

Es würde zu weit führen, in diesem Buch eine Gedächtnisschule zu integrieren. Hierfür gibt es weiterführende Literatur, die im Anhang dieses Buches aufgeführt ist.

Zu diesem Thema gehört natürlich auch das richtige und gezielte Vergessen-Können von belastenden Gedanken und Gedankengängen, die wir nicht mehr für unsere Weiterentwicklung benötigen. Es darf nicht verdrängt werden, hat aber keine Berechtigung mehr, uns zu verunsichern.

Die richtige Energie zum richtigen Zeitpunkt erreichen Sie durch einen Energieschub aus Ihrem Inneren. Es gibt eine kleine Übung, die ich in unseren Seminaren immer wieder mit Erfolg vorgestellt und eingesetzt habe. Es ist eine kurze, aber besonders wirkungsvolle Übung, die aus sieben Schritten von etwa je dreißig Sekunden Länge besteht:

1. Atmen
2. Entspannen
3. Freude
4. Vision
5. Energie
6. Externe Veranlassung
7. Ich gehe meinen Weg.

Atmen:
Ich sitze möglichst gerade auf einem Stuhl an meinem Tisch und atme in tiefen ruhigen Zügen.
Mein Gesicht hat sich zu einem sanften Lächeln entspannt.
Ich spüre das Hineinströmen von kosmischer Kraft und göttlicher Ruhe. Nach ungefähr einer halben Minute fühle ich mich sehr ruhig und wohl.
Die gleichmäßigen tiefen Atemzüge wirken entspannend.

Entspannen:
Ich genieße die eingetretene Entspannung und merke, wie die tiefen Atemzüge ganz automatisch den Rhythmus beibehalten.
Ich spüre meinen Körper und schließe die Augen.
Meine Füße ruhen sanft auf dem Boden. Meine Beine, Gesäß sowie Bauch, Oberkörper, Arme und Kopf sind harmonisch und leicht.
Ich fühle mich gut und bin mir selbst sehr nah.

Freude:
Ein angenehmes Empfinden kommt zu mir. Ich freue mich. Ich atme tief, entspanne mich und empfinde eine beglückende Freude.

Visionen:
Vor meinem geistigen Auge entstehen Bilder. Die entstehende Vision führt mich auf eine Sommerwiese. Die Sonne scheint, der Himmel ist blau. Das Singen der Vögel erzeugt in mir eine wohltuende Frische.

Energie:
Ich fühle ganz deutlich Energie in mich hineinströmen.
Ich habe den Schlüssel zu meinen Kraftreserven in das richtige Schloß gesteckt und die Tür geöffnet.
Ich merke deutlich, wie mein Lächeln stärker geworden ist.

Externe Veranlassung:
Meine Kraft wird von anderen Menschen empfangen und kehrt wieder zu mir zurück: als menschliche Wärme, als geschäftlicher Auftrag und Erfolg.
Ich freue mich auf den Kontakt und das Erschließen von Gemeinsamkeiten.

Ich gehe meinen Weg:
So gehe ich meinen Weg in höchster Überzeugung, das Richtige zu tun und für mich und andere zum Vorteil zu handeln.
Ich sehe mich in der Situation des Erfolgreichen ...
Ich bin kraftvoll, friedvoll, voller Harmonie und Ruhe – als Beobachter auf der Bühne des Lebens.

Nach dieser kurzen Einstimmung läßt sich ein positiver Gedankensturm nicht mehr verhindern. Sie werden sich gut fühlen und Inspirationen (Eingebungen) erhalten, die für Ihre Vorhaben von großer Bedeutung sind.

Ideen steigen aus Ihrem Unterbewußtsein auf und lassen sich mit Zusatzvorschlägen und vorhandenem Gedankengut in Aktionspläne zusammenfassen. Das Geheimnis des ersten Schrittes müssen Sie aber selbst in Ihrem Inneren finden.

Machen Sie diese Übung ein- bis zweimal am Tag, und Sie werden über die Ergebnisse erstaunt sein. Machen Sie aber keine Ergebnisse zur Bedingung, sondern diese drei bis fünf Minuten zu einer besonders lieben Gewohnheit – als kleines Tagesgeschenk ohne Kosten oder negative Begleiterscheinungen – eine kleine Verabredung mit Ihrem inneren Wesen, mit Ihrer Seele.

Denken Sie jeden Tag an die Bedeutung der vor Ihnen liegenden vierundzwanzig Stunden. Das ist für Sie Gegenwart, die greifbar vor Ihnen liegt. Im Moment des Erlebens hat die Vergangenheit schon die Hand ausgestreckt, um die Eindrücke in Ihrem Unterbewußtsein zu speichern. Und je mehr positive Eindrücke gespeichert sind, desto kraftvoller und spontaner können Sie in ähnlichen Situationen reagieren.

Es ist doch schön, für sein eigenes Leben die Verantwortung zu übernehmen. In jedem Tag eine Herausforderung zum Lernen zu sehen und dieser Aufgabe gerecht zu werden.

Tips, die Sie Ihren Zielen näherbringen

Im Nachfolgenden möchte ich Ihnen ein paar Anregungen geben, die Sie Ihren Zielen noch näherbringen können, wenn Sie sich und Ihr Leben gestalterisch nutzen wollen.

1. Machen Sie eine Bestandsaufnahme Ihrer Probleme und Ihrer Wünsche.
2. Entwickeln Sie daraus Ihre Ziele.
3. Machen Sie täglich die 7-Punkte-Übung: Atmen – Entspannen – Freude – Vision – Energie – Externe Veranlassung – Ich gehe meinen Weg.

4. Arbeiten Sie nach einem erstellten Tagesplan, und halten Sie sich an die von Ihnen gesetzten Vorgaben.
5. Seien Sie ehrlich zu sich und anderen. Ehrlichkeit bedeutet Stärke und Selbstbewußtsein.
6. Seien Sie fröhlich, und gönnen Sie sich gute Laune. Lachen ist die beste Medizin als vorbeugende Maßnahme.
7. Halten Sie sich körperlich und geistig fit. Erhalten Sie Ihren Ideenreichtum, treiben Sie Sport, verbringen Sie viel Zeit an der frischen Luft, und ernähren Sie sich gesund.
8. Gehen Sie auf andere Menschen zu. Sie wissen um die Bedeutung des Miteinanders. Wählen Sie aber Ihren Umgang sorgfältig aus. So lassen sich gemeinsame Ziele gemeinsam verwirklichen.
9. Erhalten Sie Ihre gute Laune und Ihren Humor.
10. Seien Sie ideenreich im Pläneschmieden, und werden Sie Meister in der Zeiteinteilung für die Verwirklichung Ihrer Ziele.
11. Geben Sie ab von Ihrer Stärke, und helfen Sie, wo man Ihre Hilfe braucht.
12. Seien Sie sparsam, vermeiden Sie unnötige Kosten und unnütze Ausgaben.
13. Belohnen Sie sich bei erreichten Zielen und persönlichen Erfolgen. Einmalige Ausgaben spornen an. Laufende Verschwendung von finanziellen Mitteln schafft Sorgen und ist sinnlos.
14. Seien Sie vielinteressiert. Besuchen Sie Vorträge, Seminare. Lesen Sie aufbauende Literatur, und informieren Sie sich zur Erweiterung Ihres Allgemeinwissens.
15. Arbeiten Sie an Ihrer Stimme und Ausstrahlung. Beachten Sie die Gesetze des ersten Augenblicks.
16. Treffen Sie Entscheidungen, und halten Sie sich an diese. Führen Sie die geplanten Aktivitäten im vorgegebenen Zeitrahmen durch.
17. Schreiben Sie ein Tagebuch, damit Sie im Alter eine Stoffsammlung für Ihre Memoiren besitzen.

Wie wir alle lernen können

Jeder Tag ist immer wieder eine neue Chance zum Dazulernen. Und die Summe aller Tage, an denen wir dazugelernt haben, sollte dann irgendwann einmal die Erfüllung unserer Aufgabe hier auf Erden sein. Im Gebrauchsdeutsch heißt es: die Prüfung bestanden, den Abschluß erreicht, die Zusammenhänge voll begriffen.

Der Vortrag

Ein Vortrag, den wir besuchen, kann uns zu neuen Gedankengängen anregen und irgendeinen neuen Impuls in unser Leben setzen. Wir werden auf weiterführende Literatur hingewiesen, nehmen vielleicht sogar persönlich Kontakt zum Referenten auf, um ihm eine für uns wichtige Frage zu stellen.

Es gibt auch Vortrags-Seminare. In diesen wird nicht nur vorgetragen um Zusammenhänge zu verdeutlichen, sondern es wird auch praktisch gearbeitet. Die Freude, die durch den Besuch einer solchen Veranstaltung entstehen kann, bedeutet viel Ansporn, um noch intensiver in die Arbeit an sich selbst einzusteigen.

Das Seminar

Wie sagte Nikolaus B. Enkelmann so schön? »Ihre Stimme besagt etwas über den Kern Ihrer Persönlichkeit« und »Rhetorik ist die Lehre von der Wirkung des Menschen«.

Dieser Hintergrund bildet den Kern eines der wohl intensivsten und wirkungsvollsten Seminare. Die besonders effektive Mischung von Vortrag, Aktivitäten der Teilnehmer, Arbeit mit Video, Entspannung und wertvolle Texte und Hintergrund-Informationen geben Antrieb.

Hier wird die ganze Persönlichkeit gestärkt und mit neuem Selbstvertrauen und Selbstbewußtsein erfüllt.

Ein Seminar-Teilnehmer sagte: »Die augenöffnenden theoretischen und praktischen Erfahrungen der letzten beiden Tage gaben mir einen inneren, nie gekannten Freiraum und eine große Portion Mut für die Zukunft.«

Ich selbst spürte nach einem Seminar bei Herrn Enkelmann den Kontakt zu in mir liegenden, kaum gekannten Reserven für die Bewältigung meines vollen Terminkalenders. Ich hatte neue Ideen und führte einen gezielten Dialog mit mir selbst.

Die Seminare, die nicht nur in Königstein, sondern in der ganzen Bundesrepublik stattfinden, sind für individuelle Anliegen aufgebaut. Vom Rhetorik-Grundkursus über mentales Training bishin zu Raucherentwöhnung durch Hypnose.

Aus meiner ursprünglichen Idee, mal ein Buch von Herrn Enkelmann zu lesen, entwickelte sich ein Seminar-Kontakt und wenig später sogar eine konkrete Zusammenarbeit im Bereich der Video-Produktion. Inzwischen werden die von mir und Herrn Enkelmann produzierten Filme zu den Themen »Zum Erfolg durch System« bundesweit als Video-Kassetten vertrieben.

Jedes Gespräch hat die Chance einer weiterführenden Aktivität. Aber auch, wenn es bei diesem Kontaktgespräch bleibt, ist damit eine gewisse Erfahrung verbunden, die uns zukünftig bereichert und bei bestimmten anderen Gesprächen hilft.

Schön ist natürlich, wenn zwei Menschen überlegen, was sie sich zukünftig Gutes tun können, und sie über diesen gemeinsamen aufrichtigen Nenner ein Betätigungsfeld entwickeln, das beiden nicht nur Freude, sondern auch Erfolg beschert.

Nun gibt es viele Menschen, die anderen besser helfen können als sich selbst. Dies ist aber nur ein subjektiver Eindruck und eine Teilung der Hilfsaktivitäten auf der geistigen Ebene. Wir können davon ausgehen, daß Geben und Nehmen dasselbe ist. Denn wenn ich gebe, werde ich erhalten – nicht unbedingt von demselben, dem ich gegeben habe. Indem ich jedoch anderen helfe, helfe ich mir selbst.

Wer der Meinung ist, daß er anderen besser helfen kann als sich selbst oder daß ihm zur Zeit keiner hilfreich zur Seite steht, der sollte sich vielleicht eine Antwort auf die Frage ausdenken, wem er selbst helfen kann.

Durch die Erfahrung, einem anderen zu helfen, werden wir also »erfahrener«, uns selbst zu helfen. Und so stimmt wieder der Satz: »Hilf dir selbst, sonst hilft dir keiner.« Das Lernen, sich zu helfen, wird aber am Nächsten geübt und die Erfahrung für das eigene Leben eingesetzt.

Lernen ist das Wichtigste, und jede Sekunde steht für uns eine kleine Übung im Leben bereit, die wir spielerisch aufnehmen sollen, um sie ebenso spielerisch zu lösen.

Vor einigen Monaten wurde ich von einer Germanistik-Studentin um ein Interview gebeten. Auf meine Frage: »Was wollen Sie denn wissen?«, antwortete sie: »Ob Sie wirklich so ideenreich sind und auf jede Frage eine Antwort wissen, wie ich gehört habe.«

Die wichtigsten Fähigkeiten, die wir für die Gestaltung unseres Lebens brauchen, werden nicht an Hochschulen gelehrt. Wir müssen sie selbst täglich aufs neue erlernen und daraus den für uns individuellen Lebensweg entwickeln. Dazu gehört nicht nur kühle Überlegung, sondern Lebensfreude, Humor, Phantasie und Intuition, um die Gefühlswelt der eigenen Person, aber auch die Seele anderer sich frei und in Liebe entfalten zu lassen.

Das Interview

Ich möchte Sie fragen, was ist eine Antwort?

Eine Antwort ist ja, ist nein, ist alles das, was auf unser Verlangen als Lösung erscheint. Oft erzeugt sie ein Lächeln, ein Weinen, eine Gegenfrage, eine stumme Reaktion. Als Fragesteller wünscht man sich eine Antwort, die bildhaft ihre Schwingungen zum Verstehen bringt. Eine gute Antwort kann starkes Interesse wecken und eine weitere Frage nach sich ziehen. Verstehe ich eine Antwort nicht, frage ich ebenfalls nach. Ich gebe auf alle Fragen eine Antwort. Auch auf ungestellte. Das Wichtigste einer Antwort scheint mir ihr Ehrlichkeitsgehalt zu sein. Würde mich zum Beispiel meine Frau fragen, ob ich sie liebe... »ja«, wäre die Antwort. Ich mag sie wirklich. Aber ich mag auch Ihre Fragen. Bitte mehr von diesen Antwortsüchtigen...

Können Sie sich eine Frage vorstellen, zu der Ihnen keine Antwort einfällt?

Da fällt mir nicht nur eine ein. Ich weiß weder, wie alt ich werde, noch, wie lange meine Frau mich erträgt. Ich habe keine Ahnung, was Sie mit dieser Frage bezwecken oder wie lange unser Interview dauert. Das einzige, was ich genau weiß: Ich kenne nicht auf jede Frage eine Antwort.

Was würden Sie auf einer einsamen Insel tun? Womit würden Sie Ihre Tage verbringen?

Nachdem ich ausgiebig gebadet hätte, würde ich die Insel erkunden, in der Hoffnung, genug Nahrung zu finden, um zu überleben. Dann bräuchte ich nur noch abzuwarten, bis einige niveauvolle Menschen mein Vrschwinden bemerkt haben und für das allgemeine Wohl sorgen, indem sie mich aufspüren und zurückbringen. Eine einsame Insel ist auch in mir. Oder ich bin es selbst. Aber mit der Insel bin ich schon zu zweit. Und meine Gedanken sind auch dabei und verhelfen uns zu einer Gesellschaft in angenehmer Atmosphäre. Ihre Frage verleitet mich zum intensiven Wunsch, jetzt viel lieber auf einer einsamen Insel zu sein, als Ihre Fragen zu beantworten. Beeilen Sie sich, damit ich endlich losfahren kann.

Sie behaupten, Ihr Improvisationstalent sei unbegrenzt. Stellen Sie sich vor, Sie fahren in ein Theater einer entfernten Stadt und stellen dort fest, Sie haben die Karten vergessen. Die Vorstellung ist ausverkauft. Was tun Sie?

Ich weiß Ihre Frage zu schätzen, denn sie gibt mir Gelegenheit, zu betonen, daß ich niemals Theaterkarten vergessen würde. Falls es aber Ihnen mal passieren sollte, würde ich Ihnen raten, die Hauptrolle zu spielen, um so dem Stück beizuwohnen. Sie können auch versuchen, mit dem Intendanten zu reden, und ihm hoch und heilig versprechen, die Karten morgen nachzusenden. Läßt man Sie nicht rein, schämt man sich des Stückes und hofft, daß Sie keine weiteren Fragen über diese peinliche Inszenierung stellen. Mich dagegen dürfen Sie unbegrenzt weiterfragen.

Was halten Sie von Entschuldigungen?

Ich entschuldige Ihre Frage und meine Antwort als Zweckehe dieses Interviews. Ansonsten halte ich immer eine Entschuldigung bereit, komme aber höchst selten dazu, sie anzuwenden. Sie tragen die Schuld für dieses Gespräch. Sie dürfen sich frei fühlen. Denn ich entschuldige Sie.

Sie haben einmal gesagt, daß Ihre Beschreibungsfähigkeit unerschöpflich ist. Was ist Kunst?

Glücklich zu sein, das ist Kunst. Daß alle Menschen dieser Kunst fähig werden, das hoffe ich sehr. Wenn Sie ein Bild malen, und der Betrachter dieses Werkes ist fasziniert, dann haben Sie einen Kunst-Interessierten gewonnen. Er wird durch das Bild in sich hineinsehen und Dinge erkennen, die er vorher nicht wußte. Kunst kann also als Leiter in die eigene Tiefe verstanden werden. Kunst ist das Gegenteil von Geld und Hektik. Kunst ist das Sichtbarmachen von Subjektivität. Kunst ist eine Weltsprache, ein Verständigkeitsmantel, ein Hoffnungsschimmer, mit Harmonie kann Kunst zur Macht reifen. Kunst bedeutet Verständnis für das Individuum. Also auch für Ihre nächste Frage...

Angenommen, Sie sollen jemanden interviewen, den Sie nicht kennen. Durch welche Eingangsfrage würden Sie für eine originelle Note sorgen?

Ich würde es meinem Interview-Partner freistellen, ob er sich befragen lassen möchte oder mich lieber zum Antwortenden machen will. Soll ich fragen, könnte man sich sanft wie folgt nähern: Wie lautet Ihre Lieblingsfrage, die Ihnen leider noch nie gestellt wurde und auf die Sie schon immer Ihren auswendig gelernten Text loswerden möchten? Hier endlich Ihre langersehnte Gelegenheit!

Antworten Sie auf Ihre Frage!

Eine Frage, die immer im Raum steht, ohne daß viele genügend geistesgegenwärtig sind, sie zu stellen, ist: Was soll man von Leuten halten, die nicht immer so, wie schon einige damals, von der Tiefe her oder aber vielleicht doch besser nicht, wenn überhaupt, bevor? Im Ernst, eine wirklich wichtige Frage: Was bedeutet Ihnen Harmonie? Harmonie ist das, was ich im Leben als sehr erstrebenswert erachte. Ich habe sie in mir gefunden, um sie weiterzugeben. An Sie, an andere, an viele, die noch nicht wissen, daß Harmonie in jedem einzelnen schlummert und nur geweckt werden möchte. Merken Sie die tiefe Harmonie unseres Gesprächs? Ich finde es gut, daß wir beide mich als Interview-Partner ausgesucht haben.

Mögen Sie Katzen?

Am liebsten mag ich Katzen, die bellen und singen können. Und wenn sie in der Lage sind, mit ihren Tatzen ein Gemälde auf meinem Rücken entstehen zu lassen, haben sie mich für immer gewonnen.

Sie behaupten, über jedes beliebige Thema schreiben zu können. Machen Sie zu folgendem Anfangssatz eine kleine Geschichte: »Es war dieselbe Stimme wie am Vortag...«

Es war dieselbe Stimme wie am Vortag gewesen. Unbekannt

hell, aber mit jenem Tonfall eines guten Bekannten, der durch häufige Begegnungen zum Freund werden kann. Beweis hierfür ist Claudia: Sie fuhr mit dem Fahrrad über den Rathausmarkt und balancierte dabei eine große Vase auf dem Kopf. Ich erfreute mich des Anblicks, der mich an Zirkus erinnerte. Vor ein paar Jahren sah ich einen Bären mit Fahrrad und Vase in der Manege. Es dauerte nicht lange, da stürzte das Tier samt den beiden Gegenständen zu Boden. Kaum war das Erlebnis in meiner Erinnerung abgelaufen, schien es die Wirklichkeit zu manipulieren. Claudia fiel, und die schöne Vase zersprang am Boden zu tausend Scherben. Ich lief sofort zu ihr. Sie sagte traurig: »So etwas kann nur mir passieren.« Wir sammelten die Teile auf und legten sie vorsichtig in meine Einkaufstüte. So lernten wir uns kennen, gingen zu ihr nach Hause und klebten die Vase in mühevoller Arbeit zusammen, vermischt mit der Freude über unser Kennenlernen. Und nun ruft mich heute, viele Wochen nach dem Erlebnis mit Claudia, schon zum zweiten Mal jemand an, der eine ähnliche Stimme wie sie besitzt. Auch dieses Mädchen möchte ich kennenlernen. Ihr fehlt zwar noch der Mut, ihren Namen zu nennen oder mit Fahrrad und Vase über den Rathausmarkt zu fahren. Aber ich habe sie genau wiedererkannt... Es war dieselbe Stimme wie am Vortag.

Haben Sie diese Geschichte jetzt eben wirklich erfunden?

Ich brauche aus meiner Gedankenwelt jederzeit nur eine der vielen Spitzengeschichten herauszusuchen. Oder ich autorisiere meine Hand, eine gute Story zu schreiben. Überall und immer ist dies möglich. Doch mein Geist wünscht sich immer noch, diese einsame Insel zu besuchen. Dort würde ich ebenfalls gern meine Ideen zu Papier bringen, vielleicht meiner Frau beim Baden zusehen, die Anregung eines Vogels aufschnappen, dem Wind einen Ausruf mit auf den Weg geben und dann blitzschnell bei Ihnen für die nächste Frage wieder Haltung annehmen.

Welchen Vorteil hat hohes Gras im Garten?

Ihre Frage ist der Versuchung einer Überlagerung zum Opfer gefallen. Ein Garten ist nur mit hohem Gras ein glücklicher Garten. Und nur ein glücklicher Garten ist ein wirklicher Garten und zur Harmonie bereiter als in kurzgeschorenem Zustand. Allein der akustische Vorteil: Alle vier Wochen den Krach des Rasenmähers zu ertragen, ist naturverbundener als das wöchentliche Abrasieren dieses so kostbaren Grüns. Der optische Vorteil liegt in der Illusion einer unberührten Natur, die lange Grashalme, die sich musikalisch lächelnd im Wind wiegen, im Menschen erzeugen. Wir hätten dieses Interview auch im hohen Gras führen können. Liegend, sitzend oder von mir aus auch krabbelnd.

Nennen Sie Situationen, in denen Spontaneität unangebracht ist.

Spontaneität heißt Leben. Leben heißt Spontaneität. Ich möchte nicht, daß mein Herz spontan zu schlagen aufhört. Also ernsthaft: Spontaneität erhält uns jung und am Leben. Fragen Sie ruhig spontan weiter.

Sie haben in einem Ihrer Gedichte das persönliche Erzählen stark betont. Warum schreiben Sie trotzdem vorwiegend?

Eine gute Frage, die mit einer noch besseren Antwort belont werden soll. Ich möchte eine Reise zu vier Milliarden Menschen unternehmen. Und jeden einzelnen möchte ich auf die Macht – die große Macht – seiner Entscheidung für die Harmonie unserer Welt aufmerksam machen. Ich würde gern per Radio eine Weltverkündung in allen Sprachen durchführen. Ergänzend hierzu müßten die Texte als Schriften vorliegen. So kann jeder die anspruchsvolle Lektüre doppelt in sich aufnehmen und jederzeit nachlesen. Sie sehen, es ist wichtig, etwas für die Ehe des gesprochenen Wortes mit dem geschriebenen Wort zu tun und die Herausforderung der Aufgabe zu übernehmen. Ich bin gern bereit, die Antwort auf Ihre nächste Frage aufzuschreiben und anschließend vorzulesen.

In »Ein Mann geht geradeaus« schreiben Sie über die Störung der Gedankengänge. Sie nennen es ein »Überlagerungspaket von Parallelgedanken«. Geben Sie damit nicht Ihre eigene Schwäche preis?

Es ist sicherlich eine gewisse Liebe zum Detail. Denke ich an ein paar Schuhe, so sehe ich vielleicht schwarze, mit Reißverschluß, Größe 42, schiefe Absätze, auf einer schlechten Straße, außerhalb der Stadt, die Sonne scheint, die Vögel zwitschern, ein Mann kommt um die Ecke, er trägt einen Sonnenhut, Polohemd und Jeans, seine Sandalen sind sandfarben und scheinen zu drücken, denn der Kerl humpelt. Was mag er denken? Wohin möchte er? Wenn gedankliche Schwächen eine Bereicherung darstellen, sind sie im Grunde stärker, als wir selbst wissen.

Was halten Sie von der lateinischen Sprache?

Ich halte sehr viel von der Verständigung zwischen Menschen. Und das funktioniert am schnellsten über die Sprache. Wenn zwei Menschen gern lateinisch Konversation treiben, bitte. Ansonsten denke ich an die Ehe, deren Motto niemals sein sollte: Errare humanum est.

Was ist für Sie an der Nacht poetisch?

Die Nacht schenkt uns Vorstellungen und sendet nicht real vorhandene Bilder vor unser geistiges Auge. Sie auszudrücken und zu empfinden geht auf eine phantasievolle Weise bis in die Verflechtung von Vergangenheit und Zukunft. Die Gegenwart wird behutsam unter der Bettdecke versteckt, holt bis zum Morgen aber die Realität wieder ein. Oh, ich liebe die Nacht, besonders bei Kerzenschein und mit der Frau meiner Träume. Die nächste Nacht, sie kommt bestimmt.

Sie schreiben oft über Verbundenheit. Was ist das?

Verbundenheit ist ein Gefühl, ein warmes Gefühl mit einer positiven, freundschaftlichen Absicht. Etwas Zuneigung kann sich zur Verbundenheit entwickeln. Und dann braucht man sich nicht mehr die Hand zu geben um zu spüren, wie dicht man beieinander steht. Verbundenheit ist ein Stück Anteilnahme und Verantwortung. Verantwortung für sich selbst und den anderen. Oft erkennt man durch eine menschliche Bindung eine echte Verbundenheit, die kein Alter in irgendeiner Weise bevorzugt.

Können Sie mit zwei Wörtern ein Gedicht schreiben?

Ja,
gern.

Auf ein Wort zum Schluß

Vielen Dank, daß Sie mit Interesse meine Gedanken, Betrachtungen und Vorschläge gelesen haben. Aber Sie dürfen auch sich selbst gegenüber dankbar sein. Denn Sie sind Ihr wichtigster Lebenspartner und Ratgeber. Sie sind wie ein Projektor, der einen fertigen Film zeigt.

Wenn wir eine bestimmte Meinung von einem Menschen besitzen, sind wir nur schwer davon abzubringen. Wir glauben fest, ihn genau zu kennen. Darüber= hinaus gilt es aber unsere ungeahnten Reserven zu erschließen, um uns und andere in schö= nerem Licht, in großartiger

Kulisse, mit netten Leuten,
Harmonie und Erfolg zu
erleben.

Ich wünsche Ihnen von
ganzem Herzen gute Ideen
für Ihr „Drehbuch" sowie
Kraft und Ausdauer für die
„Inszenierung" Ihres „Lebens=
films". Und denken Sie
daran: Für Optimisten
ist das Leben kein Problem,
sondern bereits die Lösung.

Roland Arndt

Bücherliste

Bücher, die zur Vertiefung des Gelesenen beitragen und bei der Weiterentwicklung Ihrer Persönlichkeit helfen können:

Brothers J. / Eagan E. P., In zehn Tagen zum vollkommenen Gedächtnis, München 1987

Dethlefsen, Thorwald, Schicksal als Chance, München 1979

Enkelmann, Nikolaus B., Mit Freude erfolgreich sein, Landsberg/Lech 1988

Enkelmann, Nikolaus B., Mit Freude leben, Landsberg/Lech 1988

Gawain, Shakti, Leben im Licht, München 1987

Kempe K./Mehler H., Managergeheimnisse, München 1988

Lauster, Peter, Wege zur Gelassenheit, Düsseldorf 1984

Lauster, Peter, Der Sinn des Lebens, Düsseldorf 1988

Peale, Norman V., Das JA zum Leben, Zürich 1985

Seiwert, Lothar J., Mehr Zeit für das Wesentliche, Landsberg/Lech 1986